晚清民國時期中國名勝古蹟圖集

龔鵬程敬題

晚清民国时期中国名胜古迹图集

CHINESE HISTORICAL SITES OF THE LATE QING DYNASTY AND THE REPUBLIC OF CHINA

第伍卷

全本精装版

VOLUME 5

SONGSHAN MOUNTAIN OF HENAN PROVINCE
GONGXIAN COUNTY OF HENAN PROVINCE
YANSHI CITY OF HENAN PROVINCE
SISHUI TOWNSHIP OF HENAN PROVINCE

ZHENGZHOU CITY OF HENAN PROVINCE
MIXIAN COUNTY OF HENAN PROVINCE
LUOYANG CITY OF HENAN PROVINCE
KAIFENG CITY OF HENAN PROVINCE

BAOSHAN MOUNTAIN OF HENAN PROVINCE
ZHANGDE COUNTY OF HENAN PROVINCE

NORTHERN XIANGTANG MOUNTAIN OF HENAN PROVINCE
SOUTHERN XIANGTANG MOUNTAIN OF HEBEI PROVINCE

河南嵩山 河南巩县 □
河南偃师 河南汜水
河南郑州 河南密县 □
河南洛阳 河南开封
河南宝山 河南彰德 □
河南北响堂山 河北南响堂山 □

[日] 常盘大定 关野贞 著
胡稹 苏红 译

中国画报出版社
CHINA PICTORIAL PRESS

图书在版编目（CIP）数据

晚清民国时期中国名胜古迹图集：全本精装版. 第五卷 /（日）常盘大定,（日）关野贞著；胡稹，苏红译. -- 北京：中国画报出版社，2019.6（2024.7重印）
ISBN 978-7-5146-1726-9

Ⅰ. ①晚… Ⅱ. ①常… ②关… ③胡… ④苏… Ⅲ. ①名胜古迹—中国—近现代—图集 Ⅳ. ①K928.70-64

中国版本图书馆CIP数据核字(2019)第049254号

晚清民国时期中国名胜古迹图集（全本精装版） 第五卷
[日] 常盘大定 关野贞 著 胡稹 苏红 译

“十三五”国家重点图书出版规划
国家出版基金资助项目

策　　划：于九涛
项目主持：于九涛 齐丽华
本卷主编：张明杰
校　　译：佟 一
责任编辑：袁靖亚
封面设计：郑建军
责任印制：焦 洋

出版发行：中国画报出版社
地　　址：中国北京市海淀区车公庄西路33号 邮编：100048
发 行 部：010-88417418 010-68414683（传真）
总编室兼传真：010-88417359 版权部：010-88417359

开　　本：16开（889mm×1194mm）
印　　张：18
字　　数：100千字
版　　次：2019年6月第1版 2024年7月第3次印刷
印　　刷：三河市金兆印刷装订有限公司
书　　号：ISBN 978-7-5146-1726-9
定　　价：1980.00元（全十二卷）

作 者

常盘大定 (1870—1945)

日本宫城县人，研究中国佛教之学者。历任日本真宗中学、天台宗大学、日莲宗大学、真宗大学、丰山大学、东京大学等校教师。1920年以后五次来华，研究敦煌、云冈、龙门诸石窟及房山石经等佛教史迹。主要著作有《印度文明史》、《释迦牟尼传》、《中国佛教史迹》、《中国佛教史迹英文评解》五册（与关野贞合著）、《中国文化史迹》十二册（与关野贞合著）等。

关 野 贞 (1868—1935)

日本近代著名建筑史研究家，生前为东京大学工学部建筑学科教授。不仅在日本建筑史方面造诣很深，而且在中国、朝鲜等国的建筑与美术史研究界也享有盛名。曾多次到中国、朝鲜及印度等国实地考察，撰写了一批影响深远的考察报告和学术论著。主要著作有《日本的建筑与艺术》、《朝鲜的建筑与艺术》、《中国的建筑与艺术》、《中国文化史迹》十二册（与常盘大定合著）等。

译 者

胡 稹

男，福建师范大学退休教授，福州外语外贸学院教授，1989年毕业于北京外国语大学日本学研究中心，1990年开始在中国电子进出口福建公司等单位工作，2001年调入福建师范大学，任外国语学院日本语言文学专业硕士研究生导师和教授，出版著作1部（上下卷）、译著5部，在《外国文学评论》和《外国宗教研究》等刊物发表论文70多篇。

苏 红

文学博士。河南许昌人。1997年留学日本。现于日本东京外国语大学任教。主要从事中日对比研究和对外汉语教学语法研究。著有《色彩词的历史性研究》《日语和汉语》《汉语语法研读》《汉语情景对话4800句》等专著，并有多本对日汉语教材面世。

目录

CONTENTS

河南嵩山 SONGSHAN MOUNTAIN OF HENAN PROVINCE

河南巩县 GONGXIAN COUNTY OF HENAN PROVINCE

河南偃师 YANSHI CITY OF HENAN PROVINCE

河南汜水 SISHUI TOWNSHIP OF HENAN PROVINCE

SONGSHAN MOUNTAIN OF HENAN PROVINCE
GONGXIAN COUNTY OF HENAN PROVINCE
YANSHI CITY OF HENAN PROVINCE
SISHUI TOWNSHIP OF HENAN PROVINCE

ZHENGZHOU CITY OF HENAN PROVINCE
MIXIAN COUNTY OF HENAN PROVINCE
LUOYANG CITY OF HENAN PROVINCE
KAIFENG CITY OF HENAN PROVINCE

BAOSHAN MOUNTAIN OF HENAN PROVINCE
ZHANGDE COUNTY OF HENAN PROVINCE

NORTHERN XIANGTANG MOUNTAIN
OF HENAN PROVINCE
SOUTHERN XIANGTANG MOUNTAIN
OF HEBEI PROVINCE

河南嵩山

太室山

嵩山有太室、少室二山。少室山山麓有少林寺，太室山山麓有永泰、会善、法王、嵩岳等寺，均建于北魏时期（386—534）。太室山山麓除以上诸寺外，还有中岳庙、嵩阳观、崇福宫。

嵩阳观即北魏时期的嵩阳寺，隋代在此设观。唐麟德年间（664—665）改寺为观。宋代成为儒学圣地，以嵩阳书院驰名遐迩。如今则变成了农业实验所与小学堂。图1乃远眺太室山的景象：葱郁树林间，嵩阳观隐约可见；正面左侧可见嵩岳寺高塔矗立于缥缈烟云之中。（常盘大定 文）

图1·太室山与嵩阳观·远眺

嵩阳观

北魏时期的嵩阳寺旧址在嵩岳寺与登封县之间。此寺由施主裴衍司徒创建。多塔，高大者达数十仞（译者注:中国古代高度和深度的单位，有8尺、7尺、4尺、5尺6寸等各种说法，但7尺说较为可信）。寺中可容数百僧，号称梵宇之胜，冠于中土。北魏皇帝曾率薛皇后（译者注:原文如此。北魏是否有薛姓皇后不详）及嫔妃行幸于此。隋炀帝时为道士潘延设嵩阳观。唐麟德年间（664—665）改寺为观，此举扩大了观的规模。此后嵩山有潘师正道士，其弟子有吴筠、司马承祯等。与潘师正同时代的著名人物还有孙思邈。他们在道教史上均很有名。

如今（日本大正十年十一月十一日）嵩阳观侧面小门挂“登封县农业试验所”招牌，正门悬挂“嵩阳高等小学堂”牌匾。在左侧柱联“嵩岳名山阳城古地书藏万卷院集群贤”上尚能找到往日著名嵩阳书院之痕迹。

观内不值一看，徒有虚名。虽有许多石碑，但无明代以前者。文献记载有《潘尊师碑》《真君秘诰石碣》《元五祖七真堂碑》，但于今皆不可寻，唯观外仍耸立《大唐嵩阳观纪圣德感应颂碑》，威风八面（图4）。此碑乃天宝三年（744）所建，开府仪同三司李林甫撰，大中大夫裴迥题额，朝散大夫徐浩隶书。王世贞曾赞其曰:“字体圆润厚重，自有态势，实为宝物。”（常盘大定 文）

此碑运用初唐娴熟的技法制作，同西安碑林唐玄宗《御注孝经碑》一道，可谓唐碑的两大代表（图5-1）。（关野贞 文）

传说观内有被汉武帝封为大将军树的汉柏，树周四十尺五寸，高六十尺，乃中国罕见的巨树（图3-2）。（关野贞 文）

图2・嵩阳观・前景

图 3-1·嵩阳观·前景

图 3-2・嵩阳观・汉柏

图 4 · 大唐嵩阳观纪圣德感应颂碑

图 5-1 · 唐嵩阳观碑趺

中岳庙

中岳庙在登封县以东八里太室山南麓（图5-2、图6），规模宏大，如今基本荒废。庙内北魏时期的《中岳嵩高灵庙碑》《大宋新修嵩岳中天王庙碑》、古神库四隅铁人和庙前汉太室石阙皆为著名遗产。

古神库四隅铁人为北宋治平元年（1064）所铸，皆高约五尺，虽不能称为杰作，但足见当时的样式（图7-2）。（关野贞 文）

中岳庙的起源颇久远，可追溯至汉代，或可再追溯至秦代，原在山上，后被移至山麓。规模宏大的正殿安放着中岳嵩山神像（图7-1），其回廊有形似北京东岳庙的七十二司的塑像，但破损严重，惨不忍睹。宝库四周立有宋代铁人，神情庄重。庙宇内外计有一块北魏碑、两块唐碑、五块宋碑、四块金碑、一块元碑、六块清碑，其中最引人注目者乃北魏碑。

北魏碑有“中岳嵩高灵庙之碑”的篆额，乃北魏文成帝太安二年（456）所立。螭首简朴，上有汉碑遗制“穿”（译者注:碑石上方特意穿凿的小圆孔，最初的目的是为穿绳摆放碑石）（图8、图9-1）。（关野贞 文）

碑文虽颇漫漶剥蚀，但仍显现北魏书法之雄健笔力，故为金石家视若珍宝。有金石书认为此乃寇谦之所立，但因碑文中有“寇君名谦之”字句，故可知此碑非寇谦之自己立的。寇谦之的政治后援乃魏武帝，主张废佛（译者注:此语包括后文均不确。事实是寇谦之对魏武帝灭佛不太热心，甚至持反对态度），但此主张随武帝去世而夭折。继位的文成帝不久即发布复教诏书，希冀恢复佛教，故亦可知文成帝时所立的此碑非寇谦之所建。其时通过鸠摩罗什（译者注:与玄奘、不空、真谛并称中国佛教四大译经家）翻译，佛教的宏大思想与精神被完整无缺地传至中国，为中华文明的转向提供了指导思想。与此同时，亚洲大陆异民族间纷争连绵，激发了汉民族的觉醒，并促进该转向的发展。寇谦之正处于此文明转向的时期。其学识上的前辈、居于庐山的慧远期盼于新思想中追求统一性原理，但居于嵩山的寇谦之却希望在旧思想中完成此工作，所以二者对佛教的态度恰好相反。但无论如何，他们皆受鸠摩罗什翻译的影响。寇谦之以由鸠摩罗什首次翻译、为佛教界提供生活规范的戒律为基础，制定了“新科诫”，试图廓清道教，驱逐佛教，导致魏武帝发起毁佛运动。此活动似乎一时取得了成效，但并未改变佛教进入中国的大趋势。（常盘大定 文）

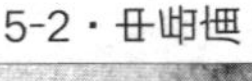
图 5-2 · 中岳庙

图6・中岳庙・正殿

图7-1・中岳庙・中岳嵩山神像

图 7-2・中岳庙・神库四隅・铁人

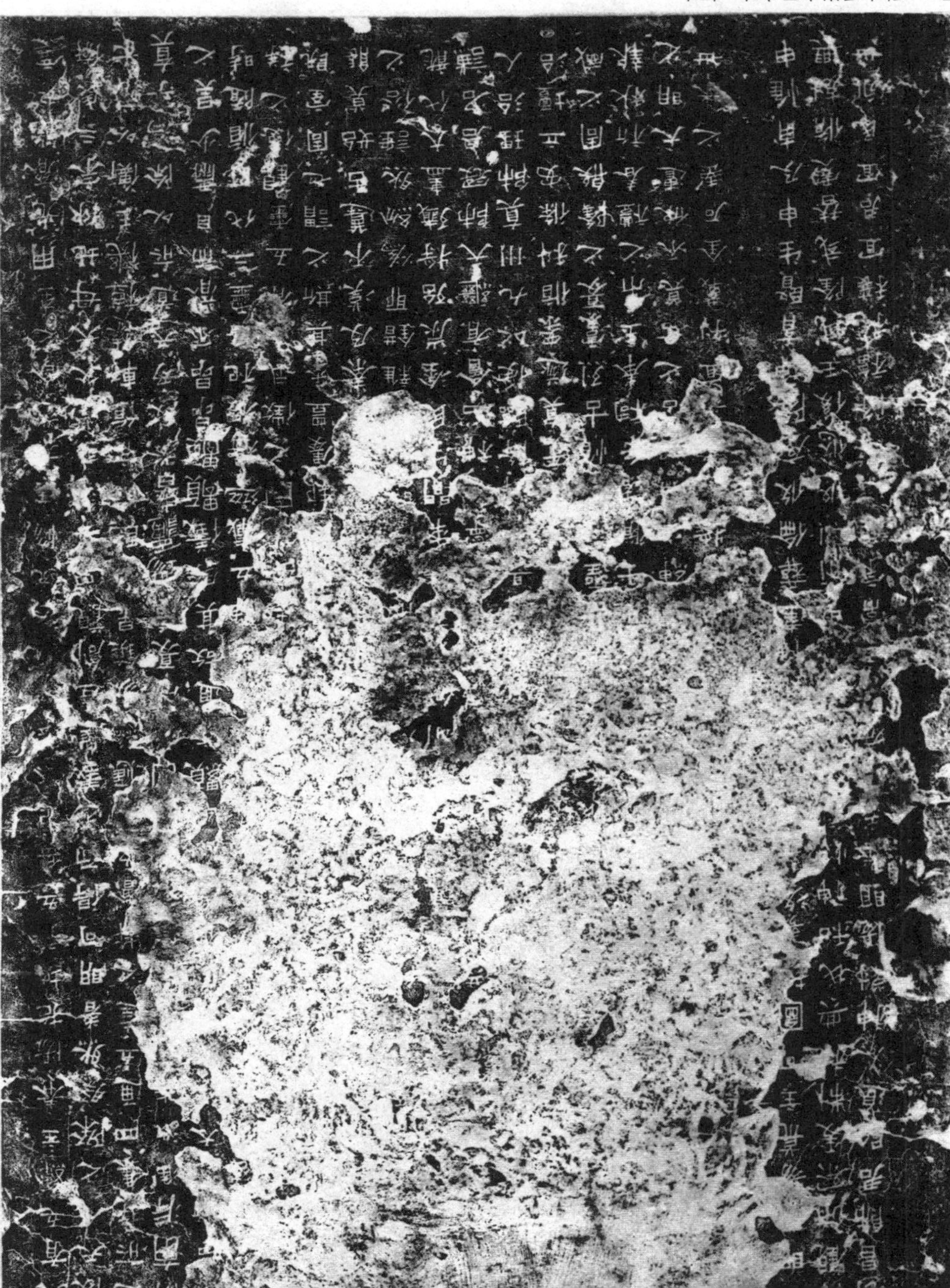

图 8・魏中岳嵩高灵庙碑・拓本

图9-1·中岳庙·魏碑冠

图 9-2 · 中岳庙 · 宋碑侧

庙内五块宋碑中,《大宋新修嵩岳中天王庙碑》为宋碑的翘楚(图11),内容丰富,可与西安碑林《唐大智禅师碑》相拮抗。此外,另有大宋碑两三块(图10-1)。(关野贞 文)

《大宋新修嵩岳中天王庙碑》由翰林学士朝议大夫行尚书、兵部员外郎知制诰、上柱国赐紫金鱼袋臣卢多逊奉敕撰文,翰林待诏中散大夫行太仆寺丞柱国臣孙崇望奉敕书写,于开宝六年(975)岁次癸酉十二月辛巳朔日建立。《金石萃编》(译者注:清代王昶著,成书于嘉庆十年,以著录历代碑刻为主)卷一百二十四记载:"其碑高一丈三尺二寸,宽五尺二寸,二十五行,每行六十四字,行书,在登封县。"书体运笔圆熟,有通微院体遗风。又据《金石萃编》,中岳庙还有下述四块宋碑:

◎大宋新修商帝中宗庙碑铭并序。宣德郎右拾遗臣梁周翰奉敕撰。翰林待诏朝请郎太子率更寺主薄臣司徒俨奉敕书。开宝七年岁次甲戌四月已卯朔十六甲午建。

◎大宋中岳中天崇圣帝碑铭并序。翰林学士中大夫行尚书赐紫金鱼袋臣王曾奉敕撰。翰林待诏朝奉大夫守府少卿同正轻车都尉臣白宪奉敕书并篆额。大中祥符七年九月七日建。

◎大宋增修中岳中天崇圣帝庙碑铭并序。朝散大夫行尚书比不(编者注:疑为"部"。"比部"为官名,系作者常盘笔误)员外郎赐紫金鱼袋臣陈知微奉敕撰。翰林待诏朝散大夫太子中舍同正臣刑守元奉敕书并篆额。乾兴元年岁次壬戌六月己亥朔十六日甲寅建。

◎重修中岳庙记。卿贡进士骆文蔚谨撰并书。传经讲论沙门守鉴篆额。乾德二年八月十五日记。(常盘大定 文)

图11-2·中岳庙·宋新修嵩岳中天王庙碑·背面

图 11-1 · 中岳庙 · 宋新修嵩岳中天王庙碑 · 表面

图 10-1・中岳庙・宋中岳中天崇圣帝碑

开母石（图 10-2）原名启母石（译者注：安徽省和河南省都有启母石。河南省的启母石在登封县嵩山南麓的万岁峰下），后来为避汉景帝的名讳，将“启”字改为“开”字。启母石为大岩石，高约四丈，一角破碎掉落地上。传说禹后化为石头，其子启即从此石开裂处生出。《中州金石记》（译者注：清代官员、学者毕沅任河南巡抚时所著）也有此记载。《汉书·武帝纪》曰：“元封元年。……春正月，行幸缑氏。诏曰：‘朕用事华山，至于中岳，获驳麃，见夏后启母石。’”应劭注：“启生而母化为石。”文颖注：此石“位于嵩高山下。”《曝书亭集》云：“避汉景帝讳，改‘启’为‘开’。”《史记》云：“启为禹子，其母乃涂山氏女。”《尚书》云：“娶于涂山。”《东汉三阙》题跋三曰：“若夫禹化为熊，涂山氏化为石，石破生启。荒诞不经本于墨翟之徒，隋巢子至汉流传斯。”（常盘大定 文）

图 10-2 · 中岳 · 开母石

中岳庙前有一对石人（图12），乃汉代作品，系中国现存最古老的雕刻，样式极纯朴。由此可以推断汉武帝时列于甘泉宫的西域休屠王祭天金人的大致模样。汉代雕刻另有山东画像石和嵩山三石阙。石阙乃东汉初期作品，其表面刻有人物、龙虎及其他禽兽等。作为佛教传来之前的汉代艺术标本，此类雕刻极其珍贵。（关野贞、常盘大定 文）

图12-1·中岳庙·石翁仲

图 12-2・中岳庙・石翁仲

太　室石阙
少　室石阙
开母庙石阙

此三个石阙系中国最古老的石阙，建成时间比山东嘉祥武氏祠石阙早三十年。一地能完好地保存三个石阙，实为珍贵。（关野贞文）

以下列举有关《金石萃编》卷六所记的对三石阙铭的诸方家研究与对著者王昶的认识。就嵩岳太室石阙铭，《金石萃编》载："铭高一尺三寸，横四尺六寸五分，字共二十八行，满行九字，唯第三行十字。碑额'中岳泰室阳城□□□'，九字，阳文篆书"。"在登封县"。并列铭文于次：

◎惟中□□□，崇高神君，冢土□□，岱气最纯，春生万物，肤寸起云，润施源流，鸿蒙沛宣，并天四海，莫不蒙恩。圣朝肃敬，众庶所尊，斋戒奉祀，战栗尽勤，以颂功德，刻石纪文，垂显□□，以传后贤。元初五年四月，阳城□长左凭万年吕常，始造作此石阙。时□□□。

◎颖川太守京兆杜陵朱宠，丞□夏□陵□□监□府掾□□□□□丞河东临□□□□□临张嘉□□□□□史□□□□卿三老严寿□□□□佑石副垂崇高亭长苏重时监少阳翟平陵亭部阳陵格王孟功□车卿王文□潘□□□□□共□□阳□□□□阳□□□君□□修□□□□□人虎□□□□□□□人诸师□□□□□□眇……

《说嵩》曰："阙在中岳庙前，汉安帝元初五年阳城长吕常造。阙左有八分书。盖铭词。书人名氏并月日不可考。世传汉篆，然八分书亦遒劲如此，实为珍宝。"太室石阙铭在今中岳庙南百余步之处。铭八行，加年月与官职姓名共十三行。完好未圮，然其文剥蚀殆半。少室、启母二阙亦隤。其中的"并天"即"普天"，系"古人省文"（《金石文字记》）的缘故。

按：铭文"崇高神君"之"崇高"，《金石文字记》记作"嵩高"。《前汉书》载：武帝祀中岳，改"嵩高"为"崇高"。《后汉书》载：灵帝熹平五年（176）复"崇高山"为"嵩高"，故安帝元初五年（118）以"崇高"为是。《说嵩》又作"帝君"。"肤寸起云"句，《说嵩》"寸"作"方"。"圣朝肃敬"句，《说嵩》"肃"作"斋"。"□诚奉祀"（译者注：原文如此。疑为"斋戒奉祀"）句，《金石文字记》与《说嵩》皆作"奉"。云云。（译者注：《黄叔璥中州金石攷》）此三阙欧（阳修）、赵（明诚）、洪（适）三家皆不著录。近人顾亭林、王虚舟、吴山夫、牛空山四家始录之。云云。（《两汉金石记》）

就嵩岳少室阙铭，《金石萃编》载："铭高一尺三寸，横五尺九寸。字共二十二行，满行四字""碑额少室神道之阙六字，阳文篆书。在今登封县"。并录铭文于次，后附译文。

……蕺林芝……绵日月而……三月三日……郡阳城县……兴治神道……君丞零陵泉陵薛政五官掾阴林户曹史夏效监庙掾辛述长西河圜阳冯丞汉阳冀秘俊廷掾赵穆户曹史张诗将作掾严寿庙佐猛赵始。

阙在少室东刑家铺西三里。阙左亦大篆书，铭漫漶不可辨。仅一石存诸人爵里、姓名数十字，姓名同于启母庙阙。盖亦朱宠所建。史载汉安帝建光元年（122），大司农朱宠肉袒上疏，为邓骘申冤。诏许骘还葬。次年改元延光。阙称延光二年（123）颍川守朱宠，恐朱宠被贬于外。（《说嵩》）

嵩山三石阙中太室石阙乃隶书，开母、少室石阙乃篆书，时间比峄山刻石（《峄山秦篆碑》）稍晚。峄山刻石篆书最为古老，且刻于水成岩石，其他摹刻者无法比拟。（《金石存》）

《汉书·地理志》载:"崇高有少室山庙。"唐杨炯《少室山少姨庙碑》所云"少姨庙"即《汉书·地理志》的嵩高少室庙。该神像为妇人像，即世间相传的启母、涂山之妹。(《中州金石记》)

就开母庙石阙铭,《金石萃编》载:铭文分二段，"每段均高一尺八寸五分，宽八尺九寸五分。字凡共二十行，满行十二字，下段题名十行，满行七字。""在今登封县。"还附铭文:

□□□开母庙兴□神道阙时太守□□朱宠丞零陵泉陵薛政五官掾阴林户曹史受效监监掾陈修长西河圜阳冯宝丞汉阳冀秘俊廷掾赵穆户曹史张诗将作掾严寿佐左福

□□□□□防百川柏鲧称遂□□□原洪泉浩浩下民震惊□□□功疏河写元九山甄旅□□□文爰纳江山辛癸之间三□□入实勤斯民同心济阮□□□正杞绘派替……

合阳人褚峻，字千峰，事余道(译者注:指占卜择日等迷信鬼神的行为，语出《佛说般舟三昧经》)，太室、少室诸石阙、刻文画像之迹甚详。太室石阙距中岳庙百步，位于登封县以东约八里处，原是中岳太室的神道阙。石阙有二，其一为东阙，无文字。另一为西阙，阙高八尺，阔六尺，厚一尺六寸，铭刻于阙端。刻石高八寸，阔三尺三寸，字径一寸。阙阳铭，阴额，铭南向，额北向。额刻九字，其文曰:"中岳太室阳城□□□刻"。石高七寸五分，阔八寸，字径二寸六分。阙为汉安帝元初五年(118)阳城颍川长吕常所建。今其铭后有题名，值得一看。自太室石阙往西过登封县十里，再往西南三里许，有两高阙，一东一西，巍峨矗立于田间。西阙三面皆有刻文，北面刻曰"少室神道之阙"。由此可知斯为少室石阙。少室庙今不可见，仅存此阙。刻额高七寸，阔七寸五分，字径二寸三分。下方刻二人走马、相互角力的场景。还刻两螭龙，一龙于窠窟中，另一龙逐而衔其尾。铭与题名刻于阙之南面与西侧，凡十九行。横阔三尺八寸，加侧面四尺四寸。纵高一尺，字径一寸四分。铭文可识而不可读，疑有脱文。西侧刻一圆月，内有蟾兔杵臼捣药的画面。南面刻二人索球蹴鞠的场景;另刻有一人坐而睥睨，一人跪而听命的画面。东阙离西阙五六步，东阙刻一猎犬逐兔的场景，兔跃然可及。还刻有一人，左手牵独角兽，右手持钩钓象的画面。画像下有一石，高一尺，阔六寸，刻二十四字。可见者十九字，字径一寸二分。此即所谓的少室东阙题名石。东阙刻文画像皆朝北。凡少室东西两阙高、阔、厚之数字皆相等:高八尺五寸，阔五尺五寸，厚一尺八寸。凡两阙画像计有七人、二马、一犬、一兔、一象、一独角兽、二螭龙与月中的玉兔、蟾蜍，皆极古拙。崇福宫(译者注:前身太乙观)位于登封县以北十里处。沿宫向东行二十步，即开母庙旧址。开母石阙乃延光五年(475)造，题名刻"禹迹铭文"四字。"重日"以下六字俪如赋语。此外另有四字刻铭，即所谓"季度铭"。阙高八尺五寸，阔六尺，厚一尺六寸。开母铭刻于阙阴面与东侧，高二尺三寸，字径一寸八分。季度铭刻于开母铭下方，高七寸五分，阔二尺三寸，字径一寸五分。开母铭与季度铭刻文皆朝北。褚峻云:"开母石阙同太室、少室双阙，东阙无刻文。"(《金石图》)(常盘大定 文)

太室石阙

建于东汉元初五年（译者注:太室石阙铭刻的时间也有东汉延光四年的说法），属同类石阙中最古老的标本。刻于此类石阙上的人物、禽兽的画像及中国最古老的雕刻技法皆值得一看（图13-1、图13-2）。

图13-1·太室山·石阙

图 13-2・太室山・石阙

少室石阙

面对少室山而建，年代、形制大致与太室石阙相同（同图 14-1、图 14-2）。

图 14-1 · 少室山 · 石阙

图 14-2・少室山・石阙

开母庙石阙

位于中岳庙西北太室山麓下，建于东汉延光二年（123），规模、技法与太室石阙不分伯仲（图15-1、图15-2）。

图15-1·开母庙·石阙

图 15-2・开母庙・石阙

唐潘尊师碣

《金石萃编》卷六十二载:潘尊师碣帖乃“装本,高广尺寸行字皆不计,隶书。碣在登封县松山老君洞”。不过著者王昶亦是据拓本记述(图16)。

碑题“唐默仙中岳体元先生太中大夫潘尊师碣文并序”,雍州司功王适撰序,弟子中严道士獄屌兜檠书写,大周圣历二年(699)建立。书者《金石文字记》《说嵩》《中州金石记》皆说乃司马承祯。就此须引证《中州金石记》的说法:“题后弟子中严道士獄马兜檠书”。《宝刻类编》收此碑,云写“司马子缺”盖不识“微”字。顾炎武疑“子微”乃承祯的字。刘昫《旧唐书·隐逸传》云:“潘师正于大业年间度为道士,师事王远知,居于嵩山逍遥谷。高宗、天后甚尊之。高宗礼拜嵩山召见先生后,敕所司于师正所居建崇唐观,又于岭上别起精思院以居之。师正于永淳元年去世,赠太中大夫名,赐谥曰体元先生。”与碑文多合。《旧唐书·隐逸传》又云:“道士司马承祯,字子微,颇善篆隶书。据云元宗令其以三体抄写《老子经》《续仙传》。承祯攻篆,自成一体,号金剪刀书。”

按:獄字,《说文解字》解说为司空,又解说为狱司空。以此仅为“司”之假音字。以兜檠为子微之字,甚谬。兜字乃兜字之误。《说文解字》云:“兜乃籀文(大篆)之‘子’。‘囟’有‘发臂胫’,在‘几’上。”今写从“黄”,便失其意。檠见于郭忠恕《汗简》,檠微之字见于《碧落文碑》(译者注:简称《碧落碑》,全称《李训等为亡父母造大道尊像》,刻于唐咸亨元年,位于山西绛县龙兴观,是唐代篆书作品)。今写作檠,

亦类于伪唐（译者注：武周）时所谓工篆籀文。

据碑文，"尊师，赵州赞皇青山里人也，族潘氏，名师正，字子真，唐嵩山上清之全真者也""生有仙骨，幼无童心，足蹈龟文，手垂过膝""十三丧母氏""大业云季，回手谢俗，启金丹之术"。后学于茅山华阳洞天之王君。"告归中岳"后"结茅构"于逍遥谷，"冥寂五纪"。上元三年（676），"天皇大帝幸洛都"，后年又幸，传命但以疾不至。至调露元年（679），帝访师于嵩阳观，其后乘辇屡涉山宫。永淳元年（682）正月，师端坐焚香告化。"赠大中大夫，追谥曰体元先生"。师在嵩山五十余年，弟子十人皆并殊秀。

碑文除有武后新字外，亦多有异体字，且文意隐秘，不甚明了。王昶后来通过《云笈七笺》（译者注：择要辑录《大宋天宫宝藏》内容的一部大型道教类书）中有关传记方弄明白。《云笈七签》卷五"中岳体玄潘先生"曰："先生名师正，赵州赞皇人。少丧母，庐于墓侧，以至孝闻""隋大业中入道，王仙伯尽以隐诀及得以符相授，栖于太室逍遥谷，积二十年，但嚼松叶饮水而已""高宗皇帝每降銮辇，亲请精庐，先生身不下堂，接手而已。及问所须，答言松树清泉山中不乏。帝与武后敬之，流连信宿而返。寻敕所居，造崇唐观（碑作隆唐观，乃避元宗讳而改），岭上别起精思院以处之。敕置奉天官，令于遥谷口，特开一门号曰仙游门，复于苑北面置寻真门。太常奏仙乐，又以祈仙望仙翘仙为曲，皆谓先生名焉。前後赐诗五百首""以永淳元年告化，时年八十九""赠大中大夫，谥曰体玄先生。弟子十八人""有韦法昭、司马子微、郭崇真"等。（常盘大定 文）

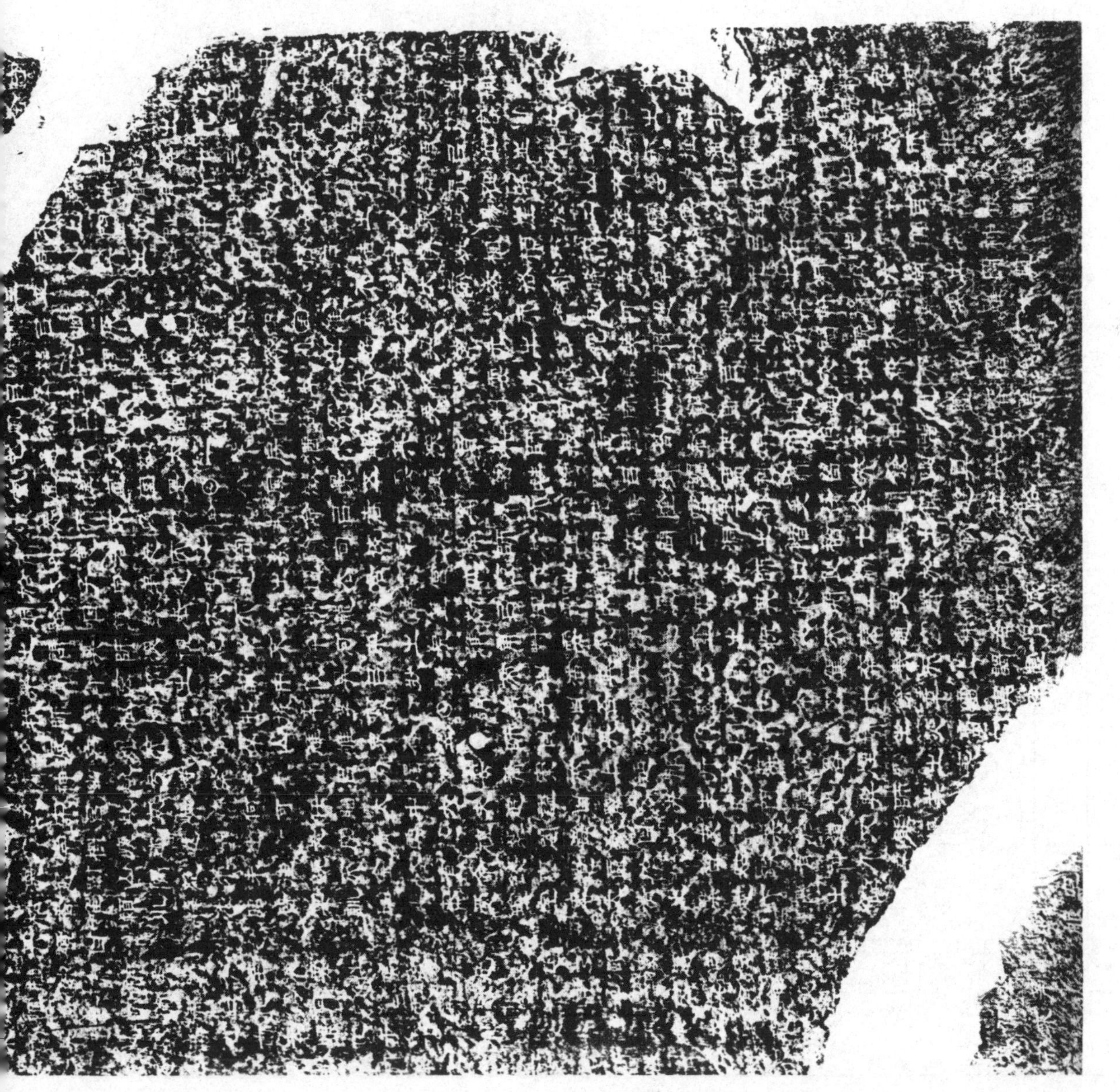

图16·唐潘尊师碣·拓本

崇福宫 | 泛觞亭址

宋崇福宫址在登封县城以北五里嵩山南岳荒圃内，今唯存泛觞亭遗址(图17-1)。此乃曾经的曲水遗迹。台基方十五尺五寸，高二尺五寸许，砖构，铺大理石长方形缘石。余到访时荆棘丛生，荒草连绵，覆于台上。于是雇当地农民悉数去除草木，往日的曲水遗迹得以完全呈现出来。如平面图所示，流杯渠乃穿石成沟，自北面中央部右起，围绕亭中心迂回旋转，形成一个图案，之后折返北面中央部入口左侧，流出外面。入口、出口沟广皆五寸二分，入口深四寸，出口深四寸三分，其差仅三分。沟全长约三十五尺，水流颇缓。中央部沟广比入口稍窄，约四寸五分。

台基四隅有柱础，其两旁有洞穴，故隅柱旁应有控柱。以此平面想象，则亭建于砖筑台基上，一至二米见方，四面开放，有四个斜面屋顶。大理石地面上有曲水沟通过，故面积意外地很小，仅能容七位诗人。

亭东北约五十米处有小庙宇，内有泉井，水清冽，盛夏亦不干涸。相传此乃往昔泛觞亭水源，应为真(图17-1)。(关野贞 文)

《登封县志》卷十九载:元代梁宜所云崇福碑与崇福宫在嵩岳山麓，即汉代的万岁观。唐代改名太乙观，宋代升格为宫，将太乙殿改名为祈真殿，又叫宝祥殿。真宗时期(968—1022)于其左右建元神、本命二殿。天圣年间(1023—1032)在保祥殿北面为真宗建“御容殿”，宫旁建离宫殿阁千楹，掖其东殿。累朝皆在此避暑，离宫内有“弈棋”“樗蒱”“泛觞”三亭。

由此可知，古代的崇福宫即汉代的万岁观和唐代的太乙观，宋真宗时改为今名。此乃北魏天师寇谦之、

泛觞亭址平面图

圖面平址亭觴泛
15.50
12.10
1.9
5.25
1.40
此以内石割調査シ難シ
2.15
.52 深 .43
.52 深 .40

唐真人刘道合等隐居修炼身心之处。宋代设为祝厘(译者注:祭神祈福)之所，建祈真、保祥、本命、元神、御容五殿，置"提举""管勾"诸官，命朝臣提领之。"望而忤时者，悉投闲于此"(译者注:德高望重但不合时宜的朝中大儒高官，皆被安排个"提举""管勾"等崇福宫的闲差，管理道士给皇帝祈福的事务)，故范仲淹、司马光、程明道、程伊川、杨龟山、朱晦庵等二十二位贤达人士先后被发配至此。前述泛觞亭即此类贤人感怀解闷之处。宫前有元代《嵩阳崇福宫修建碑》，记述崇福宫变迁，还记录王重阳兴起全真教，邱、刘、谭、马四杰辅翼，邱长春高徒静虚仙侣来此居住。此外，据说还有元大德十年(1306)立北魏《嵩山登真寇天师传碑》与唐《故蝉脱刘真人传碑》，但未及看。如今此宫看似极小，但追溯一番，却有上述煌煌历史。(常盘大定 文)

图17-1・崇福宫・泛觞亭址

石淙

石淙为山名(图17-2)。《河南通志》载:“在河南登封县东南三十五里,峰峦叠耸,溪水绕流,为一邑奇观。唐武则天后与群臣会饮于此,石刻尚存。”《金石萃编》卷六十四载:“有《夏日游石淙诗碑》与《秋日宴石淙序》。碑高一丈九寸,广九尺七寸,共三十九行,每行四十二字,分为三段,楷书。在登封县石淙山北崖。序云摩崖高一丈八寸,广六尺三寸,二十五行,每行四十一字,楷书。在登封县石淙山南崖。诗碑序称:‘爰有石淙者,即平乐涧也。’”由此可知此处曾称平乐涧。诗七言四韵,先为圣制诗,次为侍游应制诗,有皇太子显、相王旦、梁王□□、狄仁杰、张□□、李峤、苏味道、姚元崇、阎朝隐、崔融、薛曜、徐彦伯、杨敬述、沈佺期等十六位诗人,其中有两位诗人的姓名剥蚀。

关于《秋日宴石淙序》,《说嵩》引《嵩书》说此文刻于南崖下,游人仅能遥望,无法读之,故未传于世。予集长木为栈,至其下,命工拓之。摩崖刻石当山水之冲,泐去数字,而尤可猜刻字乃张易之撰。易之二字虽泐去,但见衔名可知为易之。北崖应制诗人中有麟台监。此乃张宗昌(译者注:据《新唐书》可知上述的“麟台监”指张易之,而不指张昌宗),其名亦泐去。序未载年月日,然《中州金石志》(译者注:原文如此,何书不详。疑为毕沅所撰《中州金石记》)云乃大足元年(701)作。稽于《唐书》可知其然。(常盘大定 文)

图 17-2・嵩阳石淙

河南巩县

石窟寺

石窟寺在河南省巩县县城西北三里处，背邙山，临洛水，因开凿于砂岩断崖上，故名石窟寺，旧称净土寺。明弘治七年（1494）立《重修石窟净土寺记碑》载："自后（北）魏宣帝景明之间，凿石为窟，刻佛千万像，世无能烛其数者。"又如乾隆二十年（1755）立《石窟寺重修金佛像碑》所说："后魏景明间，凿石为佛。"即使该石窟始凿于北魏景明年间（500—503），其佛像形制亦无不当。其后东魏、唐初又在石窟内外追刻许多小佛龛。

寺草创时为律宗寺院，兴定三年（1219）深公（译者注：宋代高僧，巩县石窟寺大殿前檐下"深公碑"文有记述其生平事迹）任长老时改律为禅，称净土禅寺。宋元时期颇为繁盛。明成化二十年（1484）饥馑期间僧徒流徙，寺亦荒废。弘治年间（1488—1505）僧侣美镜重修寺院，建大雄殿，饰古石佛。其后再次颓圮，至清雍正年间（1723—1735）再建大雄殿、钟鼓楼、配殿、山门，保存至今（图18-1）。

凿于佛殿后方断崖的石窟共五处，皆朝南。自东数，第一窟、第二窟、第三窟在东边，第四窟、第五窟在西边。第四、第五两窟间有高大的三尊露佛（图18-2）。

图18-2·石窟寺（净土寺）·石窟·全景

图 18-1 · 石窟寺(净土寺)佛殿

第一窟

第一窟乃小石窟，位于石窟最东端，入口上方冠莲花拱，刻秀丽忍冬纹，其左右刻北魏时代金刚力士、菩萨立像与北魏、东魏、初唐的大小佛龛，以及奇异的多层塔形。图 20-2 显示了窟外入口四周的大小佛龛。如图 20-1 所示，入口右侧上方稍大的佛龛建于北魏时期，最能体现北魏风格。此佛龛四周小佛龛皆唐代作品，下方小五尊龛上有唐乾封二年（667）十一月造像铭。入口右方刻北魏金刚力士像，损毁颇严重。左方亦有北魏菩萨立像，其半没入土中。立像右肩上小三尊龛有东魏天平三年（670）造像铭。其上稍大的三尊佛刻于北魏时代，但头部皆被破坏。

入口两侧壁亦刻许多小佛龛，北魏、东魏、初唐者互为交错。东魏佛龛有天平三年（536）、唐代佛龛有乾封三年（668）造像铭。

窟乃方形，北壁刻大佛龛，容本尊、左右罗汉与胁侍菩萨。东西壁亦刻相同但稍小的佛龛。其中佛菩萨等像多有破损，且因后人加塑补彩，大损当年风貌。南壁入口左右刻释迦立像，最能体现北魏风格。藻井中央刻大莲花，四周刻飞天、云纹，极具雄伟富丽风格（图 19）。

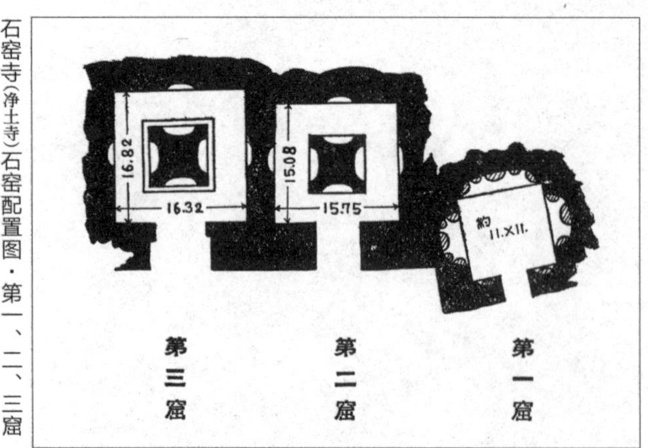

石窟寺（净土寺）石窟配置图·第一、二、三窟

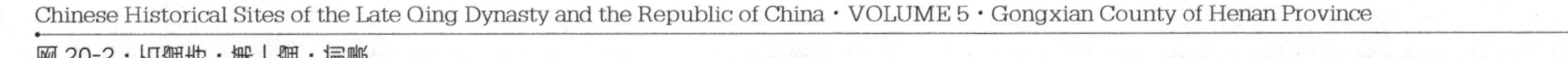

图 20-2・石窟寺・第一窟・前景

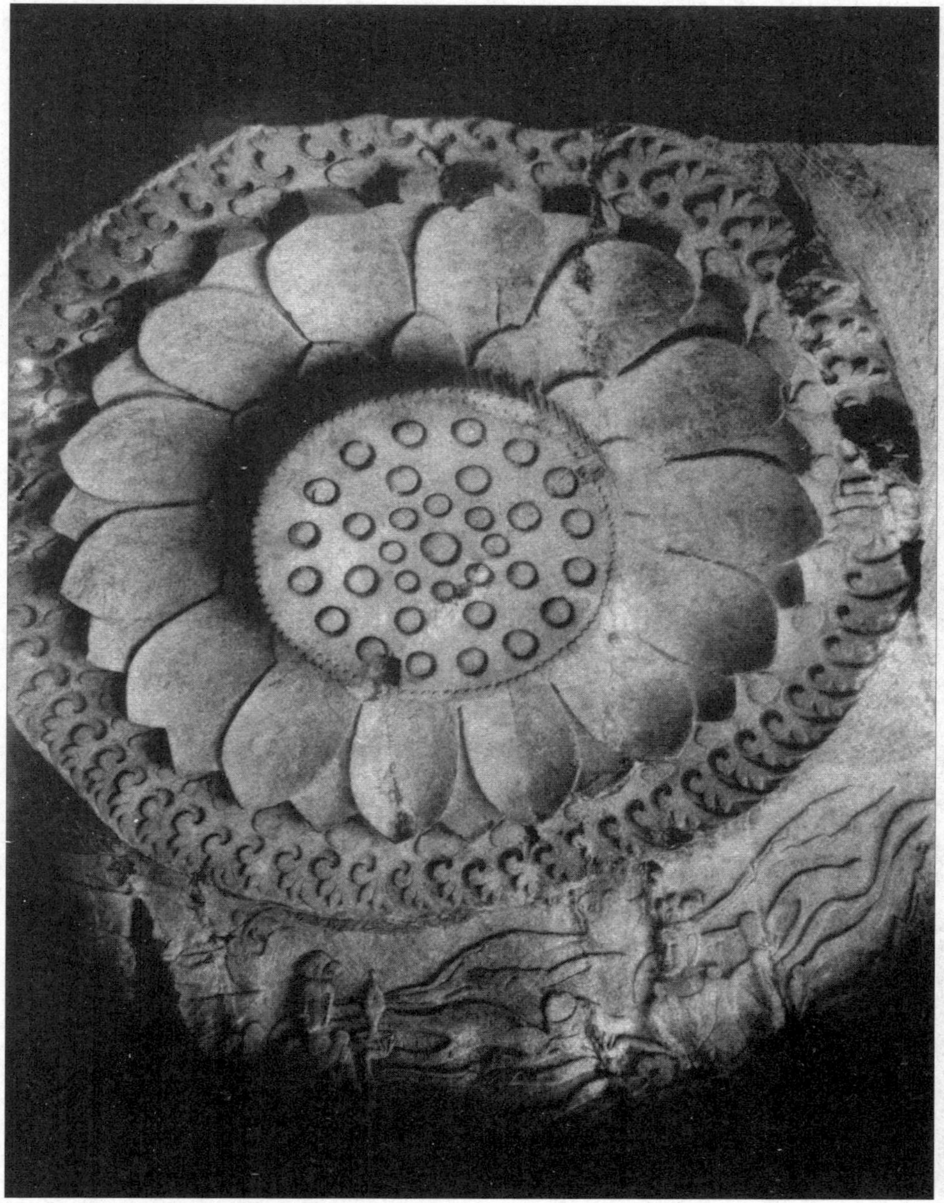

图 19-1・石窟寺・第一窟・藻井中央莲花

图 19-2・石窟寺・第一窟・藻井莲花

图 20-1 · 石窟寺 · 第一窟外壁 · 佛龛

第二窟

第二窟、第三窟东西相向，朝南开入口。今前方皆以砖包裹，并设砖筑拱门。第二窟东西十五尺七寸五分，南北十五尺八分，入口广五尺四寸，中央广五尺七寸三分，立高五尺四寸一分方柱，四面各刻两层佛龛，下大上小，皆容三尊佛。此类佛像皆因后人以塑土修补而俗不可耐。仅衣裾前垂处覆土剥离，可见当年雄浑之衣褶襞纹。

窟南面入口左右腰壁各浮雕两个有翼鬼怪。其上刻四层帝后礼佛图，再上刻四层千体佛像（图21）。其他三面腰壁刻天人奏乐图。其上壁面刻多层千体佛像（图22）。壁中央部各刻一佛龛。与壁上藻井相接之处，刻绣帐图案。中央柱四周刻格藻井图案，格间刻飞天、莲花、忍冬纹等，颇雄伟壮丽（图23）。

图22-2·石窟寺·第二窟·西壁·后部·腰壁

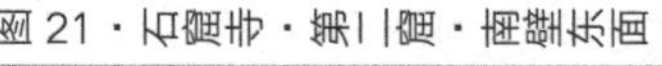

图 21・石窟寺・第二窟・南壁东面

图 22-1・石窟寺・第二窟・西壁・后部

图 23 · 石窟寺 · 第二窟 · 藻井

第三窟

同第二窟形制相近但稍大。窟深东西十六尺三寸二分，南北十六尺八寸二分。中央有正面七尺一寸、侧面七尺五寸的方柱。方柱四面各刻一佛龛，内部容三尊佛与二罗汉。可惜因后人修补，被覆塑土。唯北面佛左右两胁侍左菩萨未修补，几近完整保存。其躯体修长，容颜端庄，令人惊喜。又，南面本尊衣裾前垂部分塑土掉落，显露出雄浑遒劲的雕刻手法（图25-1）。方座下左右狮子亦颇具雄浑气势。右胁侍菩萨塑土亦剥落，裸露出高雅简洁的全身雕像（图24-1）。

佛龛四面上方浮雕天盖、飞天像，与藻井相连。方柱外为格子藻井，格间刻飞天、莲花、忍冬纹（图24-2），与第二窟相同。

窟东西南三面腰壁刻奏乐天人，北面刻鬼怪，南面入口左右壁浮雕三层帝后礼佛图。其上刻三层千体佛。又，东西北三面壁刻千体佛像，中央刻佛龛，亦同于第二窟。唯南面入口东方壁图像几乎全部剥蚀，实为可惜。总之，第二、第三两窟面积与意趣上不分伯仲，乃北魏石窟中较完整的良好标本。

图24-2·石窟寺·第三窟·藻井

图25-1·石窟寺·第三窟·南面本尊下部

图 24-1 · 石窟寺 · 第三窟 · 南面本尊

第四窟

合相邻两小窟而成。东窟浅而窄，唯东壁有北魏刻秀丽三尊佛。台基左右刻有造型古怪的狮子（图25-2）。

其上方左右刻佛龛，内有唐咸享元年（670）十月卅日造像铭。北魏刻佛外边，亦有唐刻佛龛。著者去西窟时发现其中埋有死人，有人建土墙与外部隔开，故无法进入。窟不太深。窟前西面侧壁刻大小三佛龛，皆唐代作品，其中一个有乾封二年（667）八月十日造像铭。

隔开东西两窟的壁面广七八尺，刻三层佛龛，显示其上中两层佛龛（图26-2）。上龛内刻本尊释迦坐像及左右两罗汉、两菩萨、两力士。其前部中央有香炉，左右有两狮子。其下刻七佛，两旁刻供养僧，下刻“大唐龙朔三年（663）五月七日”造像铭。

中龛内同样刻佛菩萨、罗汉、力士，下刻十四躯小佛像。中央有香炉，其下刻龙朔二年（662）造像铭。下龛刻五尊佛、小佛、飞天、菩萨等像，亦唐代作品。总之，第四窟非北魏时开凿。壁面刻三尊佛。乃至唐代龙朔（661—663）、乾封年间（666—668）扩大石窟和加刻许多佛龛小佛的结果。其雕刻虽不精美，但足见初唐优雅的气象。（关野贞 文）

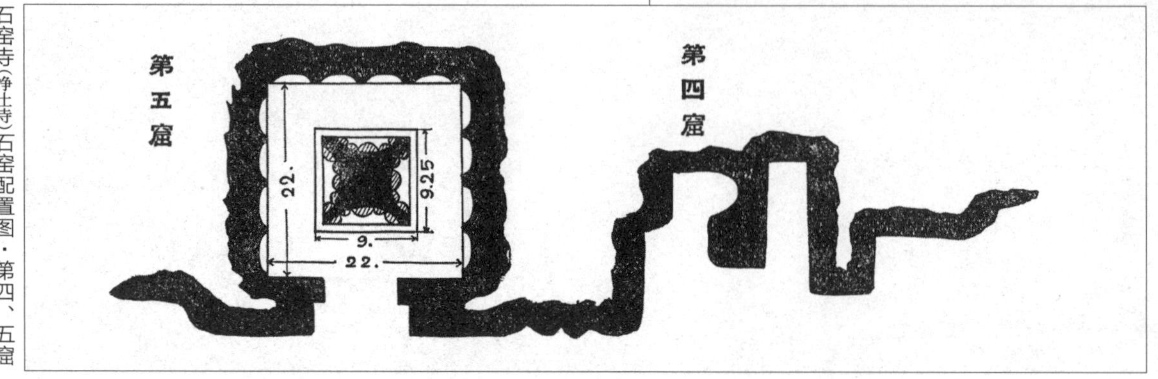

石窑寺（净土寺）石窑配置图·第四、五窟

图 25-2・石窟寺・第四窟・东壁佛龛

图 26-2·石窟寺·第四窟·佛龛

唐演公塔铭

嵌入净土寺大殿外壁间的石碑中有“演公塔铭”（图26-1）。演公乃唐代净土寺“大德”（译者注：早年印度称有高德的人为“大德”，也用于称呼释尊。后来律宗称年长的比丘为“大德”），法号明演。初为濮阳县丞，声名播散齐鲁之间。某日与方袍士（僧人）谈佛法，即出家于洛阳敬爱寺。后受戒于嵩山戒坛。兴元元年（784）后十八年间，年年讲法。入巩县净土寺后，得县尹陇西李公之归心，贞元十七年（801）圆寂。门人等认为不建塔无以表彰其圣德，不刊石无法纪念其高行，故翌年造塔刻铭。盖不隐学德。（常盘大定 文）

图 26-1 · 石窟寺 · 唐演公塔铭 · 拓本

大石佛

第四窟与第五窟的岩壁间有三尊大佛龛。龛半损，左胁侍菩萨消失，且本尊膝以下部分埋没土中（图28-1）。本尊释迦立像最能代表北魏风格，乃杰作。面孔稍长，杏仁眼，鼻梁连额。然损鼻尖，口唇半损，两端上翘，嘴角深陷。眉高且长，耳大而平，无耳孔，单颐，颈部无褶线，头无螺发，展现出最为典型的北魏样式。右手破损，左手丧失。披覆两肩的衣褶线最有遒劲之风。

右胁侍菩萨头部受损，戴宝冠，发垂两肩，呈蕨手状，悬于天衣两肩处，发尖左右翻卷，皆北魏特征（图29）。此本尊乃日本飞鸟时期“鸟佛师”（译者注：也称“止利佛师”，日本飞鸟时期佛师和日本佛像制品鼻祖，擅长彫刻和金工）派佛像源流。（关野贞 文）

图 28-1 · 石窟寺 · 第四窟、第五窟与大石佛 · 全景

图 29・石窟寺・大石佛及右胁侍菩萨

第五窟

第五窟是全石窟中最大、最富技巧性的石窟。窟前今有砖筑物，但过去有壮丽雕饰。其外壁入口左右有大型金刚力士像，左侧(东)保存稍完整，右侧几近颓圮(图27)。

窟平面呈方形，纵横各二十二尺，藻井高亦二十二尺，中央有九尺见方的方柱。四面皆刻一大佛龛。台基四面浮雕奇异怪物像。龛内皆刻本尊、两胁侍罗汉、两胁侍菩萨，可惜后世遭塑土覆盖，无法看见当初的模样。唯上部浮雕的飞天与天盖，仍保留北魏雕刻遗风。

窟内东西北三面壁各刻四佛龛，龛内各容三尊佛，亦遭后人塑土覆盖，有损当年特征。不过塑土多脱落，故通过本尊面前垂下的衣襟与胁侍菩萨像之一部，尤可见当年的雕刻技法。各佛龛上皆冠莲花拱或袴腰(译者注:日式说法，指日式裙裤的腰部部分。男用裙裤需加入台形腰板)拱，阳刻忍冬纹或化佛。莲花拱间刻化佛、飞天，颇雄伟壮丽。佛龛上方悉刻千体佛，作藻井下天盖的装饰。前面入口左右壁与第二、第三窟同，浮雕三层帝后礼佛图，其上部刻满千体佛(图30)。四周壁腰亦与第二、第三窟同，前面、左右刻天人奏乐图，后面刻奇异怪物像。

中心方柱周围乃格子藻井，内刻飞天、莲花、忍冬纹等，同第二、第三窟。

入口东侧壁崩塌，西侧壁一部留存。此处刻有小佛龛，现存七躯。有延载元年(694)、久视元年(700)、咸通八年(876)等刻铭。

窟前除金刚力士外，犹有众多小佛龛。可惜左侧力士面部受损，但仍可见其雄伟风姿。天衣的刻法充分体现了北魏的特色(图28-2)。

巩县石窟的共同特点，乃窟内刻直通上下的大方柱。此形制于云岗四大窟、天龙山一窟、响堂山一窟皆可见到。云岗方柱四面刻《金刚明经》四佛，巩县及其他石窟方柱继承云岗形制。据金石书载，该石窟有北魏晚期普泰(531—532)、西魏大统(535—551)、东魏天平(534—538)、北齐天保(550—559)、河清(562—565)、天统(565—569)年间等带年月的刻铭，凡十六种，但于今不见其一。而从技法看，彼等皆承接云岗、龙门石窟，从北魏始开凿。此乃无可置疑之事实。

巩县石窟位于龙门东北部，两地距离不远。规模虽不大，但有两窟值得关注。通过与云岗、龙门石窟比较，可推知其与帝室的关系。龙门除三大窟外，还有众多魏窟，具有巩县石窟的特点。所谓特点，是指雕刻的四面佛与帝后礼佛图皆因袭云岗、龙门的刻法。就此须先看魏室的谱系，此谱系乃北魏后期的部分，看时须合看云岗石窟北魏前期(译者注:作者说明不清或有误或排序紊乱，与相关时代历史年表不符)的部分。

显祖献文帝（五年）（括号内容为在位时间）
- 高祖孝文帝（二十九年）
  - 世祖宣武帝（十六年）
    - 肃宗孝明帝（十五年）熙平、神龟、正光、孝昌、武泰、建义
  - 彭城王—敬宗孝庄帝（三年）永安、建明
  - 广陵王—节闵帝（二年）普泰、中兴（安定王年号）、太昌、永兴
  - 范阳王—清河王—东魏孝静帝（十七年）天平、元象、兴和、武定
  - 广平王—北魏孝武帝（三年）永熙
  - 京兆王—西魏文帝（十七年）大统

巩县石窟有北魏普泰（531—532）、东魏天平（534—538）、北齐天保（550—559）、北齐河清（562—565）、北齐天统（565—569）等年号造像铭，故开凿年代从北魏晚期到东、西魏之间，其后又追刻北齐至唐代的佛像。从云岗、龙门时的魏室关系、南北响堂山时的齐室关系类推，巩县石窟可能与北魏孝明帝、孝庄帝及东魏孝静帝的诸宗庙有关。此虽为推想，但无论如何，三窟皆有帝后礼佛图，以此可知此推想并非不可能。（常盘大定 文）

图 30-1 · 石窟寺 · 第五窟 · 东壁佛龛间 · 雕刻

图 27 · 石窟寺 · 第五窟外东面 · 金刚力士

图 30-2・石窟寺・第五窟・西壁佛龛

图 28-2・石窟寺・第五窟・西面外壁

图28-1、图20-1为日本大正十一年（1922）十一月常盘大定拍摄，两拓本乃同一人手拓。

图20-2、图28-2为日本明治三十九年（1906）十月冢本靖拍摄，其他的为明治三十九年（1906）十月关野贞拍摄。

宝月大师碑

碑（译者注:即前述“深公碑”）立于净土寺前庭，乃宋绍圣三年（1096）所建（图31）。由此可知以下经纬。

宝月大师名惠深，七岁“礼刑州龙华院宗顺出家”，后“闻谭法师讲百法论，往依止焉”，兼通《四分律》《上生经》《盂兰盆经》。又从隐法师探唯识之奥隐，十七岁“尤精《菩萨戒经》”。一日见《盂兰盆经》，感“孝至德也”，为父祖（译者注:此句恐有误。原碑文乃“于是罄其衣资于尧山县遵善寺罗汉院□父□，而上设无碍斋）“设无碍斋”。继而从龙兴寺愿和尚，究“毗尼”，造弥勒像，称弥勒尊名。皇祐初（1050）入洛阳，应众请住持巩县净土寺。寺“肇自元魏”，一度颓圮，仅“基址岩洞存焉”，至宋复兴，“皇祐四年（1052）敕赐十方之额”。亦即，大师来此后，“慨然有志兴葺”，倏忽建起僧堂、法堂及法藏殿。

不独如此，还印经律论等，充实法藏殿；修罗汉洞，费金二千八百五十余万。此事“上动宸极”。由此大师应召入内，“庭赐紫方袍”，又御封宝月大师。其后又应召赴内道场数次。元丰七年（1084）以七十五岁告寂。大师“日诵《菩萨戒经》七遍，俱胝真言五百过”“讲经论一百二十次。复延名师，并开法席，岁不下五六”，广播法化，事不堪言。还为四辈（译者注：出家男女与未出家男女）授戒，多达三十余万人。故大师去世后，弟子等聚商，欲于寺西北隅立塔葬大师。据云“将窆（埋葬），道俗斋送，空邑落而遍及原野”，可谓具大善知识。

碑文说寺“肇自元魏”，一度颓圮，仅“基址岩洞存焉”（译者注：原文有误，写作“宋代寺院一度颓圮，仅存基址岩洞”）。大师“修罗汉洞，费金二千八百五十余万”，必指前述石窟。故石窟乃宋代重修。（常盘大定 文）

图 31 · 石窟寺 · 宝月大师碑 · 拓本

北宋太宗陵

北宋陵今称八陵，悉在巩县西南约二十里、洛水与注入洛水之罗水间平原上，有太祖永昌陵、太宗永熙陵、神宗永裕陵、哲宗永泰陵、宣宗安陵。罗水东面有仁宗英绍陵、英宗永厚陵、真宗永定陵。共有八个陵，故称八陵。各陵旁又置皇后陵。唐陵建山上，宋陵建平原。其中太宗永熙陵最为完备。首先，坟前约 450 米处有两土馒头左右相立。砖构的第一门称鹊台。入门后约 200 米处又有两土馒头左右相立。乃第二门，称乳台。进门后可见石人、石兽左右相列（图 32-1）。最初是石华表，其次是象。象为真象大小（图 32-2）。唐陵无石象，宋陵始有石象。再次是奇异雕像，

北宋太宗永熙陵平面示意图

即在所立巨石表面刻岩石状，再于岩石中央刻鸟体马头像。此乃唐陵所无，可能相当于唐之龙马。复次是一对獬豸，亦是不可思议的狮面象鼻（图 32-3）。继而是两对石鞍马，此袭唐陵，但不同处在于左右添两马卒（图 33-1）。继而是两对石虎。此亦唐陵所无。继而是两对石羊。（图 33-3）唐代臣下墓有羊，但皇陵无。继而是三对石人与四对着文官服之石人（图 34-1）。继而是一对石狮，乃立狮，面朝外。继而是一对着武官服石人（图 34-2）。继而是神门所在，于今成两土馒头。进此门见一对文人石像。继而是陵墓，称灵台。乃 50 多米见方的方台形土馒头，上平，呈方锥体。以此灵台为中心，四面皆有神门。神门外各有一对石狮站立（图 34-3）。此四隅皆有土馒头，称角阙。

宋陵形制规模颇大，但与唐陵建在山上相比，宋陵建于平地，再加之宋陵的规模又比唐陵的小些，故

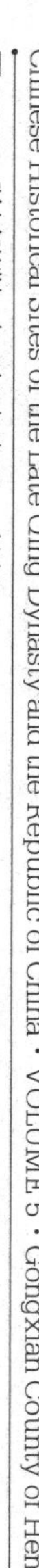

图 32-1・宋太宗陵・石像、石翁仲・全景

多少有些逊色。不过宋陵加列有象、马卒、虎、羊等石像，颇显热闹，此乃唐陵所无。

诸陵于宋南迁后悉遭金人发掘破坏，所幸坟垅石像之属于今犹存，可征当时陵寝制度。

北宋陵设施最为完备，故可作为宋陵标本，其继唐制的同时，又多少有些修改，如比唐陵规模稍小，增加石兽种类等，成为明清陵制先驱。太祖永昌陵、太宗永熙陵两陵，规模形制大体相同，但在石刻技工方面太宗陵较优，故可选永熙陵作宋陵代表。乳台和神门间石刻前已介绍，细述之则如下：

（一）石华表一对。乃八角柱，立于莲座上，上冠宝珠形，各面浅浮雕云龙与宝相花纹。

（二）石像一对。高七尺五寸，长十尺五寸。

（三）马首鸟身石像一对。马头凤身怪鸟，与岩石状一同刻出。

（四）石獬豸一对。獬豸如貘。

（五）石鞍马二对。两马卒各站于马的左右，马长约九尺五寸，马卒高约八尺。

（六）石虎二对。呈跪坐姿势，高约六尺。

（七）石羊二对。前脚跪卧。

（八）石人三对。

（九）着文官服石人四对。高约十尺。

（十）石狮一对。

（十一）着武官服石人一对。

未标尺寸者可类推察之。中心灵台高大，呈方台形。神门左右当年有神墙，环绕灵台四周，东西北三面亦起双台，开门可见其前各有石狮，四隅建有角台。此类台址皆成土堆，神墙尽失其原有形迹。（关野贞文）

照片皆为关野贞于日本大正九年（1920）拍摄。

图32-2·宋太宗陵·石象

图32-3·宋太宗陵·石獬豸

图 33-3 · 宋太宗陵 · 石虎与石羊

编者注：据实地考证，图32—图34皆非宋太宗陵之物，亦非宋太祖陵之物。盖巩县（今河南巩义）“七帝八陵”散落附近各处而形制规模颇似，作者混淆也。此篇考证之“太宗陵”非实际“太宗陵”，而是巩县“七帝八陵”中的某一陵。

图 33-1・宋太宗陵・石鞍马

图 33-2 · 宋太宗陵 · 石瑞禽

图 34-3・宋太宗陵・西门外・石狮

图 34-1 · 宋太宗陵 · 石翁仲

图 34-2 · 宋太宗陵 · 石武人

河南偃师

文庙

《偃师县志》卷六载:文庙大成殿面阔五间，前有东西两庑房，再前有戟门，戟门前有櫺星门，櫺星门前有墙（图35-1）。

明伦堂在大成殿后。据《偃师县志》可知，康熙二十年（1681）知县重修，于大成殿旁置进德、修业二斋，其东曰敬一亭。康熙二十八年（1689）知县又重修，曰后殿为馔堂，仅挨其后者曰尊经阁。

文庙内有诸多古碑，日本明治三十五年（1901）伊东忠太教授访此，关注过以下五碑：

一、大唐二帝圣教序碑（图36-1）。太宗文皇帝御制，门下录事王行满正书，显庆二年（657）岁次丁巳十二月己卯朔十五日己巳建，沈道元刻字，冠龙颇美。

二、周公祠碑并序（图35-2）。朝议郎行偃师县尉贾大义撰文，行书。开元二年（714）岁次甲寅十二月甲寅朔五日戊午建。《偃师县志》卷二十七载:首阳“旧有周公庙，世隆欲以太原王功比周公，故立此庙。庙成，为火所灾。”此碑原在县西石桥堡，石桥与首阳比邻，故可知由石桥堡移此保存。冠龙形状与刻技皆美。

三、大唐赠太子少师徐府君之碑（图36-2）。朝议郎守河南少尹飞骑尉赐绯鱼袋张式撰，次子岘书，楷书，贞元十五年（799）岁次乙卯十一月辛丑二十四日建。冠龙形制略粗糙。

四、唐故左拾遗内供奉赠使持节舒州诸军事舒州刺史□窦府君神道碑。元和十三年（818）岁次戊子十月己酉朔五日癸丑建，冠龙极粗糙。

五、唐故舒州刺史何公碑。篆书。据《偃师县志》，此碑原在县西南宁家寨东（译者注:在今河南省获嘉县），后移至此地。冠龙颇值一看。（常盘大定 文）

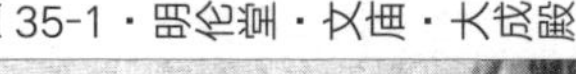

图 35-1 · 明伦堂 · 文庙 · 大成殿

图 36-1·明伦堂·大唐二帝圣教序碑

图 36-2·明伦堂·大唐徐府君之碑

图 35-2 · 明伦堂 · 唐周公祠碑

升仙太子碑

宋升仙太子（译者注：周灵王的太子）碑位于偃师升仙观，题为宋重修升仙太子大殿碑，宋仁宗明道二年（1033）建。碑身在方趺上，周缘刻宝相花纹，螭首极雄健。刻工直逼唐碑，乃宋碑白眉（图37）。宋碑或恪守唐碑形制，或于碑身周缘与侧面刻花纹，虽颇可观，但流于过度模仿，随时代变迁，次第陷于纤弱之弊（图38-1、图38-2）。

其中有碑刻力图摆脱唐制并尝试新技法，如山东曲阜文庙大宋重修兖州文宣王庙碑，即宋碑中杰作。碑额周缘与上部三角形内，刻宝相花纹。（关野贞 文）

唐升仙太子碑乃武后撰并书，杂有新字。《金石萃编》载：碑“连额高一丈七尺四寸，广六尺五寸，三十三行，每行六十五字。行书。额题升仙太子之碑六字，飞白体。在偃师县缑山君庙。”其后有碑文。碑阳上款“大周天册金轮圣神皇帝御制御书”，下款“圣历二年岁次己亥六月甲申朔十九日壬寅建”。碑阴分三截，上截刻《御制游仙篇》与诸臣名，中截刻钟绍京等衔名三行与神龙二年题记并衔名，下截刻宋人题名，皆楷书。

《金石录》（译者注：共三十卷，先由宋代赵明诚撰写大部分，其余部分由其妻李清照完成）就此碑说：“周（唐）升仙太子碑乃武后撰并书。升仙太子即王子晋。是时张易之、张昌宗兄弟见宠，谄谀之徒以昌宗为子晋后人。武后为之建太子祠，亲撰铭文并书。君臣荒淫无耻至此，可发万古一笑。”《石墨镌华》（译者注：明赵崡撰）说：“此文未必出武后之手，乃北门学士（译者注：唐高宗、武后时期，宫廷学士常于皇宫北门出入，故时号“北门学士”）之语。”碑首“升仙太子之碑”六大字，飞白体，成鸟形，甚佳。飞白书久不传世，此为仅存之物。

子晋祠原在此，武后改之为升仙太子庙。更名乃因张昌宗为王子晋后人。《金石萃编》卷一百三十二“载此地犹有一宋碑”，碑曰：

圣宋西京永安县缑山通天观重修升仙太子大殿记。朝奉郎尚书度支员外郎直集贤院同判河南府轻车都尉谢绛撰。将仕郎守河南府右军巡判官王顾篆额豫章僧智成书。明道二年六月一日记。

《中州金石记》就此碑说：“碑文工整，字亦端秀，有唐虞世南、褚遂良风格。缁流（僧侣）办此，当有书名，而不闻其人。”（常盘大定 文）

图38-2·宋升仙太子碑·碑趺

图 38-1・宋升仙太子碑・碑身

图 37 · 宋升仙太子碑

河南汜水

等慈寺碑

贞观四年（630），唐太宗于隋末义军战场建寺。为体现怨亲平等（译者注：佛教术语，指对怨敌和亲人一视同仁，无厚此薄彼分别）精神，建七寺。其中在破窦建德的战场、河南汜水县所建之寺即等慈寺。等慈寺在城东北二里，原为郑墟（图39-1）。碑题“大唐皇帝等慈寺之碑”，颜师古撰文，文中有“情均彼我，恩洽同异”语（图40），道破“等慈”精神。碑冠蟠龙堪称绝世之作（图39-2）。《金石萃编》卷六十八载“大唐洛中荥阳县头陀僧识法师上颂圣主中兴得贤令卢公清德之文并序”。法师乃等慈寺僧侣，此碑建于神龙三年（707）。

此寺犹有一古碑，上刻唐显庆四年（659）岁次己未八月乙□朔十五日铭文，高约二丈，宽五尺三寸，厚一尺八寸五分，乃第一巨碑。碑侧面纹饰为强劲澎湃的波涛纹，冠龙亦精巧无比。以上为日本明治三十五年（1902）九月至十月访问此地的伊东忠太教授之记录。（常盘大定 文）

图39-1·等慈寺碑·全景

图 39-2・等慈寺碑・碑冠

图40 · 等慈寺碑 · 拓本

河南郑州 ZHENGZHOU CITY OF HENAN PROVINCE

河南密县 MIXIAN COUNTY OF HENAN PROVINCE

河南洛阳 LUOYANG CITY OF HENAN PROVINCE

河南开封 KAIFENG CITY OF HENAN PROVINCE

SONGSHAN MOUNTAIN OF HENAN PROVINCE
GONGXIAN COUNTY OF HENAN PROVINCE
YANSHI CITY OF HENAN PROVINCE
SISHUI TOWNSHIP OF HENAN PROVINCE

ZHENGZHOU CITY OF HENAN PROVINCE
MIXIAN COUNTY OF HENAN PROVINCE
LUOYANG CITY OF HENAN PROVINCE
KAIFENG CITY OF HENAN PROVINCE

BAOSHAN MOUNTAIN OF HENAN PROVINCE
ZHANGDE COUNTY OF HENAN PROVINCE

NORTHERN XIANGTANG MOUNTAIN OF HENAN PROVINCE
SOUTHERN XIANGTANG MOUNTAIN OF HEBEI PROVINCE

河南郑州

开元寺 | 大塔及经幢

寺在河南省郑州，创建于唐开元年间（713—741），今极颓圮，可记之处寥寥，仅大塔与经幢大有可观（图41）。

大塔八角砖筑，立台基上。塔顶破损，塔身今有十一层。当年或为十三层。最下层三面设龛，一面有通道，导向塔心八角室。沿细小通道可达后龛。于今顶部洞开，站在最下层可见天空。（关野贞 文）

大砖塔旁有佛顶尊胜陀罗尼经幢（图42-1）。经幢乃八角二层，立台基上。下层柱身刻陀罗尼（译者注：总持、能持、能遮。指能令善法不散失，令恶法不起），上层柱身刻佛龛，龛侧有铭。据此可知，经幢乃晚唐中和五年（885）六月十日建造，后唐天成五年（930）五月九日至十八日重建。（常盘大定 文）

照片为日本明治三十九年（1906）九月关野贞拍摄。

图42-1·开元寺·陀罗尼幢

图41・开元寺・八角砖塔与陀罗尼幢

河南密县

法海寺 | 舍利塔

法海寺在河南省密县，位于郑州至嵩南登封县途中(图 42-2)。

寺以门、天王殿、塔、献殿、正殿为中心，塔前有石造八角经幢，后有清碑，左右经幢刻《宋咸平四年碑》与《观弥勒菩萨上生兜率天经》。

据咸平四年(1001)《法海院新修石塔记》:“敕赐法海院，起立《法华经》舍利石塔壹座，高五十五尺许，四角九层，全部石筑。”台基上刻覆莲、仰莲，以承一层塔身。一层塔身特高，分为两段，正面有门。门柱与门楣等施以精巧阴刻装饰。内有佛像。以四跳斗拱承一层塔檐。

第二层与第四层四面作窗形。

第三层环绕勾栏，勾栏有“卍”形棂子。

最上两层塔檐四隅挂风铃。其他层的风铃悉失。

各层次第缩减塔身高度与大小，第九层塔盖上有相轮。

各层四面均刻有《妙法莲花经》之一部，文字颇可观。《大清一统志》（译者注：又名《嘉庆重修一统志》，清朝官修地理总志）载：“寺前有塔，青白石杂为之，高十余级，四面自基至顶，凿莲经一部，字画遒劲。”其中层数有误，但其他记述颇得其要。

以上文字据日本明治四十一年（1908）冢本靖氏拍摄的照片和报道整理。

图 42-2 · 法海寺 · 九层石塔

河南洛阳

白马寺

白马寺在洛阳城东二十五里处的义井铺，于东汉永平十一年（68）佛教初传时创建。此说虽留有可议之处，但《洛阳伽蓝记》第四卷有白马寺的记述，故可知其起源久远。于宋淳化三年（992）、元至顺四年（1333）、明洪武二十三年（1390）、嘉靖三十五年（1556）等先后增修，至清康熙五十二年（1713）再次重修。正门、不二法门、观音殿、大雄殿、伽蓝殿、毗卢阁次第排开，立于一层或三层台基上。尤其二层的毗卢阁，巍然立于高台上，最为庄严肃穆（图45-1）。（常盘大定 文）

伽蓝殿内原有最秀丽的石雕弥勒菩萨像，近年被偷，流失海外，现被美国波士顿美术馆收藏。菩萨像高六尺四寸八分五厘，胴部过长，两膝胫部过短，整体比例失衡严重，但面相温雅，姿态修长，品味高尚，纯真挚朴。从其相貌、衣纹样式判断，应为北魏时期作品（图43）。（关野贞 文）

图45-1·白马寺·全景

白马寺伽蓝平面图

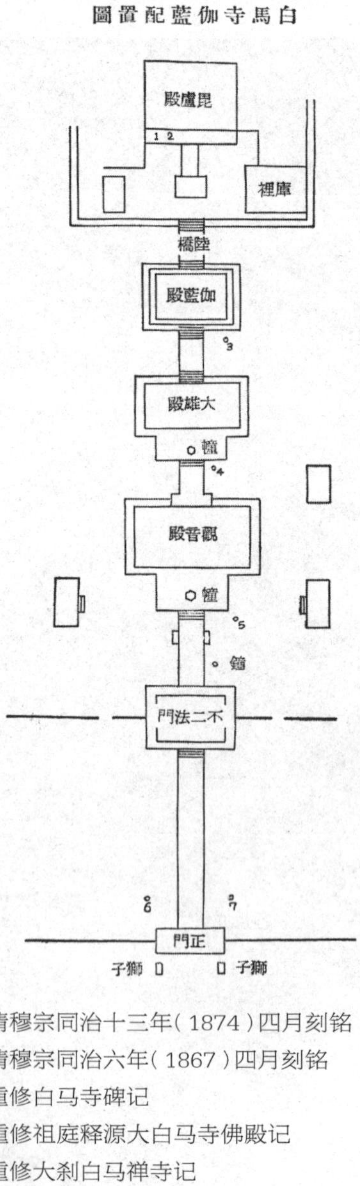

1　清穆宗同治十三年（1874）四月刻铭
2　清穆宗同治六年（1867）四月刻铭
3　重修白马寺碑记
4　重修祖庭释源大白马寺佛殿记
5　重修大刹白马禅寺记
6　大宋重修西京白马寺碑
7　洛京白马寺祖庭记

图 43 · 白马寺 · 弥勒石像(今在波士顿美术馆)

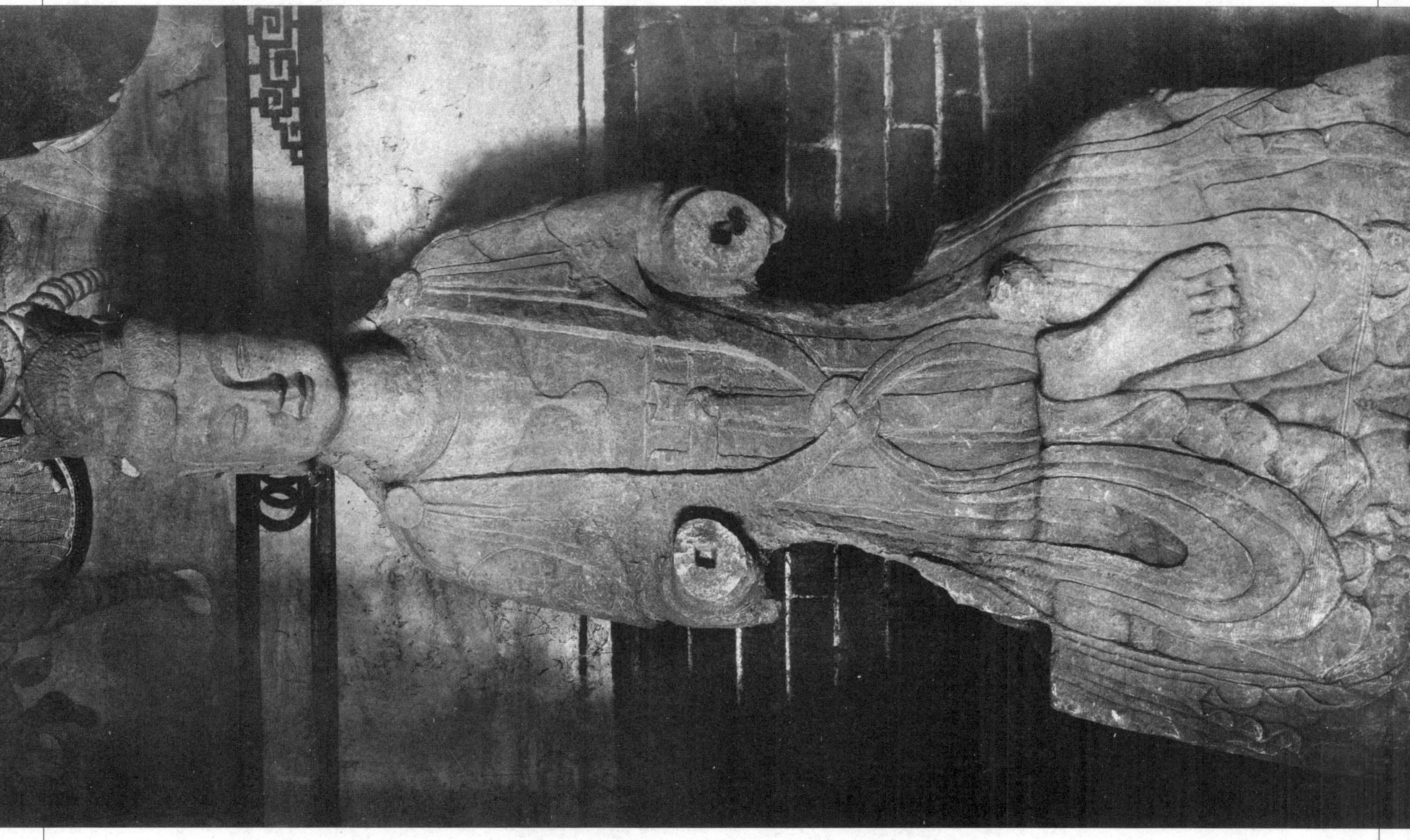

东白马寺（齐云寺）｜十三层砖塔

齐云寺在白马寺东南约两百米处，又称东白马寺。据立于塔前金大定十五年（1175）五月李中孚所撰碑文记载：后唐庄宗年间（923—925）有人施净财，在白马寺东面建东白马寺。又建高五百余尺木制九层塔。宋靖康元年（1126）遭雷击焚毁。至金大定十五年（1175）僧彦公重修伽蓝，建十三层砖塔。清嘉庆三年（1798）僧园朗重修（图44）。（常盘大定 文）

塔立于高大砖筑台基上，平面呈方形，高约一百六十尺。二层以上塔身急剧变短，各层大小递减，呈炮弹状轮廓。最上层稍高，四面开圆拱窗。一层特以三跳斗承塔檐，各层塔檐以砖迭次伸出，呈内弯形曲线。屋盖亦以砖梯状叠出。塔顶相轮今已不全。此塔平面方形，轮廓呈炮弹形，恐模仿初唐形制。但可惜塔檐突出失于厚重，其形有失美观。（关野贞 文）

图 44 · 东白马寺 · 十三层砖塔

千祥庵 存古阁

千祥庵在洛阳东郭。明景泰年间（1450—1456）创建，清康熙十四年（1675）重修。

存古阁在千祥庵内，道光二十三年（1843）为防洛阳附近遗存石龛、石幢、碑碣等散逸而建（图45-2）。东面而立，广约二十尺，长约三十尺。前面开放，其他三面为砖壁。内有八角经幢三十、塔形经幢二、塔形墓石二、神道柱一、方形经幢一、造像石三。嵌于壁面石碑，北壁有五、西壁有十二、南壁有九。北壁五块中有墓志石四、画像石一，皆唐宋间作品。西壁十二块中有龛铭石二，其他皆墓志石，亦皆唐宋间作品。南壁九块石中有造像石三、墓志盖石二、墓志石三，皆六朝至唐宋间作品。北壁附近又建一砖墙，嵌入十一块石碑，但皆碑、幢、画像石等残品。存古阁东北廊内有十四块石碑，多为墓志石。另有唐《高元裕碑》（译者注：全称《大唐故吏部尚书赠尚书右仆射渤海高公神道碑》。萧邺撰文，柳公权书。碑镌立于唐宣宗大中七年）。

以上为日本大正七年（1918）六月关野贞、同年十一月常盘大定访问时实况记录。明治三十九年（1906）著者关野贞初访时，除上述物件外，还有北朝画像石与久视元年（700）的佛龛石。所幸当时拍有照片并作拓本，故一并收录于此。

图 45-2・千祥庵・存古阁

北朝画像石

该石上下共三层，各列三龛，各龛阳刻五佛。上方刻宝盖纹与璎珞纹，颇为富丽堂皇。下方中央刻香炉，其左右刻狮子，狮子旁刻供奉人像，题曰“供奉主常进世”（图46-1）。刻制年代不明，从形制看，盖属隋朝以前作品。（关野贞 文）

辛仲连妻卢八娘之墓塔

今在新建石座上，为七重塔形墓标，一层有以下刻文：

长安二年□月十九日□州参。辛仲连妻卢八娘之墓。

二层以上唯重叠盖形，向上逐渐缩小塔径，顶载宝珠露盘。除去石座，高为三尺三寸。各层盖石模仿瓦葺，正面中央刻小龛，龛内刻坐像（图46-2）。（关野贞 文）

图46-2·千祥庵·存古阁·卢八娘墓塔

图 46-1・千祥庵・存古阁・北朝画像石

佛龛画像

唐久视元年（700）的佛龛画像原在存古阁中央后壁附近，由三石叠成。此三石恐非当时原状。下层石为方形，底边正面广一尺五寸二分，侧面广一尺四寸五分。向上逐渐缩减几分尺寸。高一尺九寸四分，正面刻一龛，内容五尊佛。其左面（面对其为右面）阴刻仁王（译者注:佛教徒对佛的尊称;《仁王经》中的“仁王”是对印度当时十六国国王的尊称）像，右面阴刻增长天王像。仁王的表情勇猛愤怒，增长天王则英姿飒爽，旁有一夜叉。

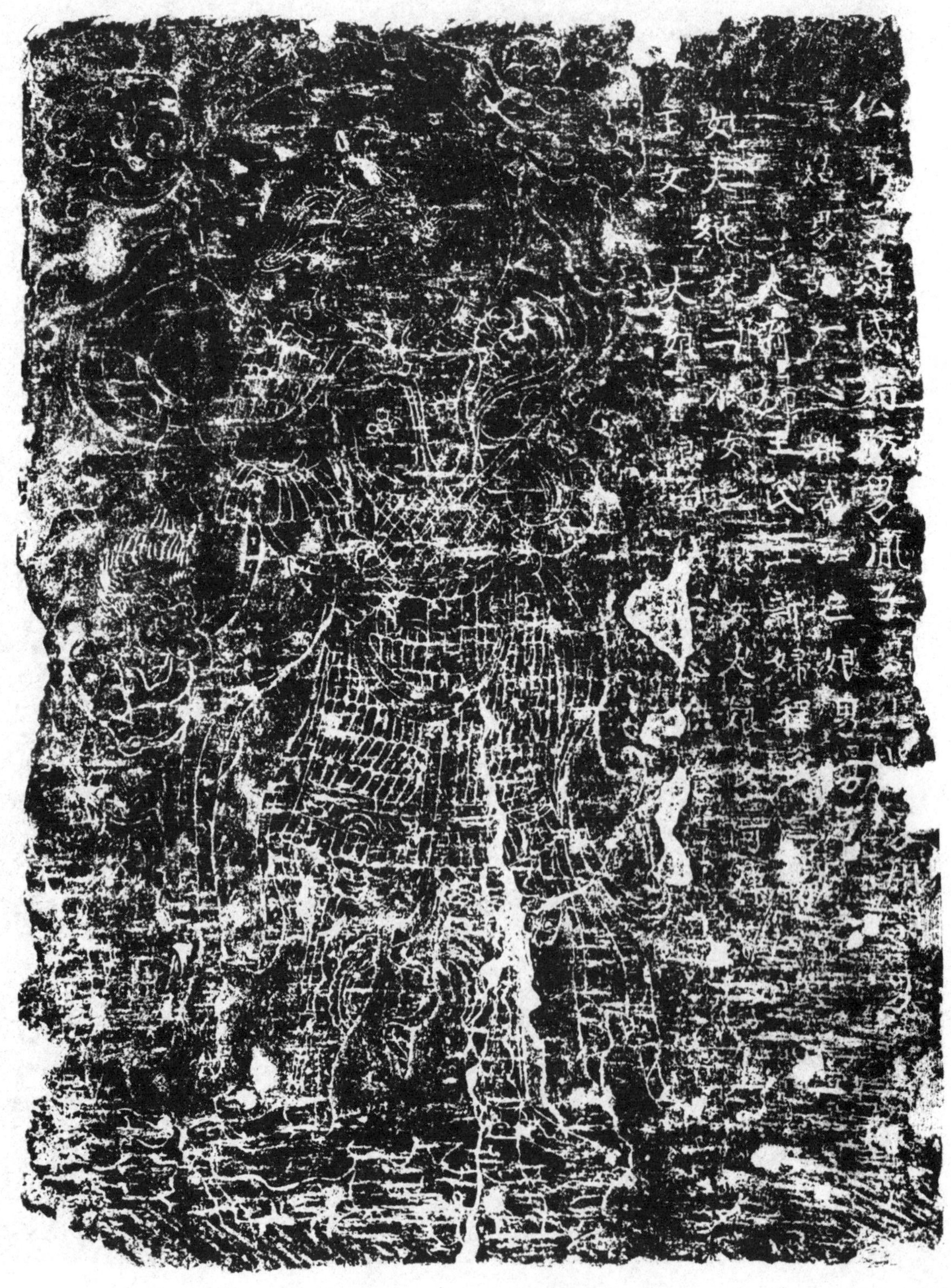

图47-1·千祥庵·存古阁·增长天王像·拓本

增长天王像旁刻供养人姓名，仁王像旁记石浮图造立来由。铭文中“埊”乃“地”，“𡆠”乃“日”，属武后新字（图47-1、图47-2）。（关野贞 文）

图47-2・千祥庵・存古阁・仁王像・拓本

孔子入周问礼碑

洛阳城东关外孔子庙侧面有一清碑，题曰“孔子入周问礼乐至此”（图48-1）。日本无论何人，但凡知孔子之名者，面对此碑皆有无限感慨，因为此而记录。由于白马寺远在东部，可知今洛阳的位置非汉代洛阳的位置，何况周代的都城。要指出周代都城在哪绝非易事。进一步说，学界对老子此人亦有争议。因此须着眼于孔子入周，遇神龙不见首尾之伟人——老子，于思想上有飞跃进展，回鲁后弟子日益增多这一问题。若说入周经历给孔子带来如此大之转机，则记载这一行为的石碑，当多见于文教之所载。（常盘大定 文）

北邙山

北邙山乃蜿蜒于洛阳城北一带的山丘。从城中望去，北邙山颇高，然而缓慢攀登，便会发觉坡度很缓，并无攀登山丘的感觉。此山丘一带，古坟连绵，因此“北邙松柏锁愁烟”一语，竟可以表示墓地。如今山丘殆成为耕地，处处有人家，农民多住在地下的土房里。据说农民耕作时发现古坟，一个墓里可挖出数百件明器。北邙山附近村落地下住宅比地面建筑多。远远望去，只见树木或墙垣（图48-2）。走近一看，发现竟有人深挖洞穴于地下，然后造门，门内有宽大庭院，庭院三面是土房。堂皇宅邸竟由土房构成。（常盘大定 文）

图48-2·北邙山

图 48-1 · 孔子入周问礼碑

函谷关

函谷关有新关和古关两个。新关位于河南洛阳市西七十里的新安县。从东边过来，要横渡涧河，过函谷关，才能进入新安县城。汉武帝元鼎三年（前114）设置，关门建在小山丘之间，地势并不险要。

传说中的古关位于灵宝县，自新关还要往西行，途中要经过渑池县、陕州，要翻越崤岭天险。这里是昔日的弘农县所在地，关口位于县城西南，在弘农涧的西侧，关门设在开山而建的通道上。关于这个古关，《灵宝县志》记载曰：在邑西南里许，过涧水，则龟原。曹操西征张鲁时开粮道于此，后遂置关。基址久湮，邑令江繁重修，去旧关十有余里。关于鸡鸣台，《灵宝县志》称：在县南十里，即函谷旧关，乃尹喜守所，老子曾过之。田文渡关时，客作鸡鸣，故得此称谓。由此看来，传说中，老子骑青牛西行时为关令尹喜留下《道德经》五千言之地，孟尝君遁秦时因食客善于模仿鸡鸣而幸免遇难之地，都是那个旧关。古关与旧关相距仅十里，因此，大体上，可以把古关看成是旧关，只不过道路因时代的变迁而有所改变。这条路上有天下之险的崤关，因此，函谷古关实为“一夫当关，万夫莫开”的要冲（图121-1、图121-2）。（常盘大定 文）

图121-1·函谷关

图 121-2・函谷关

河南开封

国相寺 | 繁塔

国相寺在开封城东繁台前。《开封府志》记：

在城东南繁台前。又名繁塔寺。五代周显德元年建。名曰天清，又名白云。

宋太平兴国二年修，明洪武十七年修，改今名。正德十五年重修。

由此可知繁塔寺沿革大要。又，塔南面约一百米处，有明万历四十五年（1617）重修碑，可知繁塔寺之变迁。

据重修碑所载，繁塔寺于后周显德年间（954—960）创建，繁塔建于宋太平兴国年间（976—984）。因元末兵燹，寺塔俱废。洪武年间（1368—1398）重修时毁上面第五层，留下四层。而从今存仅三层看，四层乃三层之误，或后来又毁一层。万历四十五年（1617）又进一步修建，但因明末流寇，伽蓝再次遭破坏。至顺治六年（1649），桂山和尚募资修塔，并再建其他殿堂。此事详于《重刻源流记》。

繁塔今为六角三层。上部消失，失去平衡，感觉毋宁说更像楼阁（图 49）。塔顶有五重相轮状小塔，其上冠宝珠状物件。一层各面底边长四十六尺五寸。南面有入口，广五尺三寸，进入后为五尺三寸七分，有当年门扉形迹。自此通道变宽，广九尺五分，高约十五尺，长二十五尺，可达中心六角小室。小室前后径长二十六尺六寸五分（隅角径长二十三尺九寸三分）。后方另有小方室。由此可沿环状阶梯登上塔顶。

繁塔一层面积大，二层、三层次第变小，观感庄重。每层塔壁各面皆以砖作周缘，于其中阳刻宝相花。有一面贴方砖，内刻小佛像，颇壮观（图 50）。方砖表面作凹陷圆龛，于其中深浮雕坐佛像。当初圆龛外涂有黑碧色釉。后世修补时有的地方施釉，但多不施釉。

繁塔中心六角室以砖砌成，腰壁高八尺余。其上壁高约十四尺，亦如外壁，贴小佛砖。再其上以砖逐块向外叠出，达三十层，以成雀替（译者注：雀替又叫“角替”，置于梁坊下与柱交接处，可加固梁坊与柱的连接，缩短梁坊的净跨距离）。中央留六角孔，径约七、八尺。二层、三层壁面亦同。今一层后方设砖构佛坛，安本尊释迦及其他佛像。

自入口到中心室通道左右壁上嵌有经石。左壁嵌《金刚般若波罗蜜经》六石，下款题“大宋太平兴国二年（977）岁次丁丑十月戊午朔八日”。右壁嵌《十善业经要略》六石，亦有相同年号铭。此后壁印证该塔乃太平兴国年间（976—984）建造的说法。内外壁面的小佛像，该塔周缘的宝相花，亦皆显示出宋初样式。（关野贞 文）

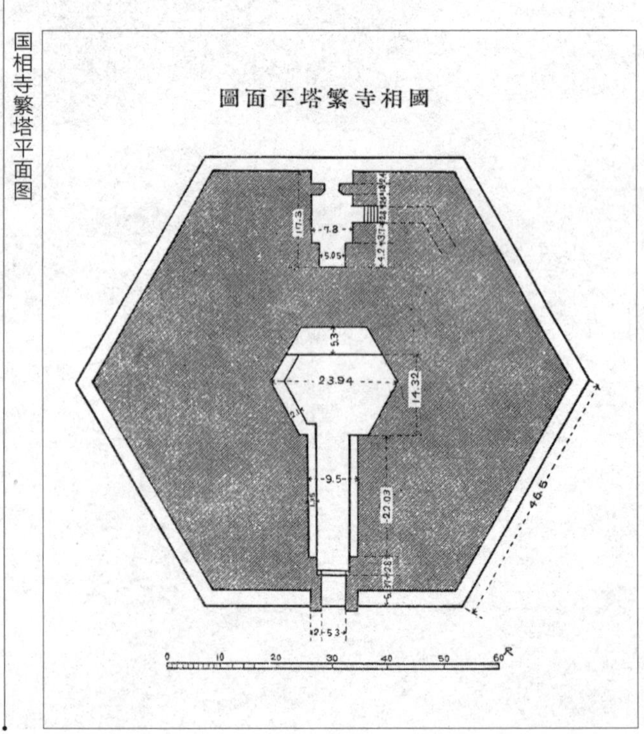

国相寺繁塔平面图

图 49・国相寺・繁塔

图 50 · 国相寺 · 繁塔 · 细部

祐国寺 | 铁塔

祐国寺在开封城内东北角，已然颓圮，唯存一琉璃砖塔。其外观呈铁褐色，故得名“铁塔”（图51）。寺建于后晋天福年间（936—943）城内明德坊，称等觉禅院（或等觉禅林）。宋乾德年间（963—968）诏迁丰美坊，即现址。庆历元年（1041）改名上方寺，俗称铁塔寺。所谓的铁塔恐乾德年间（963—968）建造。元末兵乱，铁塔荒废。明洪武二十八年（1395）周藩重修，嘉靖三十三年（1554）复作修补。塔内各层螺旋状阶梯附近明窗与塔壁皆嵌有黄釉砖，刻阿弥陀佛像。背光外侧阴刻以下铭文：

洪武二十九年，岁在丙子，仲夏丁巳朔吉日。周王令旨，造立四十八愿阿弥陀佛琉璃相，计四十八尊。命赐上祐国禅寺如来舍利塔中，奉安供养。所愿宝塔巍峨，量等三千，而高梵世金身显焕。愿分六八，以现中天。邦几万世以同曷，国祚千秋而益衍。次期，尘皆觉各悟本性之弥陀。着地翔空，悉达唯心之净土。

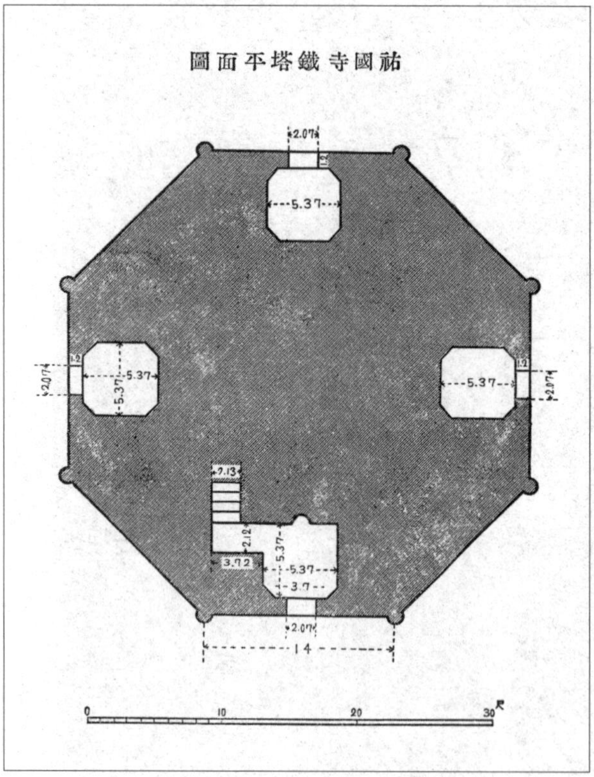

祐国寺铁塔平面图

此乃洪武年间重修时所造刻铭。另用黄釉砖。据刻铭可知嘉靖三十三年（1554）又重修。塔内铁佛有正德七年（1512）、嘉靖八年（1529）、嘉靖三十二年（1553）、万历五年（1577）、万历十八年（1590）、乾隆三十八年（1773）刻铭。黄釉佛砖有嘉靖三十三年（1554）、万历四十二年（1614）刻铭。可知铁塔经过数次修补。

塔八角十三层，底层一边广十四尺，目测高约廿三丈。底层四边开有广二尺七分的入口（图52），进入后有八角小室，广纵横五尺三寸七分，有八角穹窿藻井。从前面小屋沿螺旋状阶梯可达最高层。

铁塔外壁贴釉砖，阳刻双佛龛、五飞天或龙或花纹等，并于其中嵌入立菩萨砖以区隔之。其上下嵌入宝相花纹薄砖，又多使用璎珞纹大砖。此类砖当初或施黄釉与绿釉，但后世修补者亦不在少数。入口上部迭出的雀替砖刻云纹。塔隅柱刻龙、狮子等。

各层塔檐皆有双层椽，以二跳斗拱承之，此亦黄绿釉砖。塔顶以黄釉瓦铺葺。其上部（译者注：原文如此，疑指塔檐）每层皆用二跳斗拱，层层相承，大小与高度逐层递减，均衡秀丽挺拔，且有遒劲之风。塔顶有宝珠，各顶角皆以锁链系之。底层内部八角小室壁面亦与外壁相同，贴佛龛砖、花纹砖。

此塔于宋乾德年间（963—968）建造，后世虽有修补，但大抵保存当年材料。盖宋代最秀丽的塔婆之一。（关野贞 文）

图51 · 祐国寺 · 铁塔

图 52 · 祐国寺 · 铁塔 · 细部

大相国寺

大相国寺位于开封城内府东部。据《大清一统志》，该寺建于北齐天宝六年（555）。初称建国寺。唐睿宗改为相国寺。宋至道二年（996）重建，赐寺额为大相国寺。金章宗、元世祖、明太祖相继重修，成化二十年（1484）改名为崇法寺。明末崇祯十五年（1642），黄河泛滥，寺院埋没淤泥中。清顺治十六年（1659），巡抚贾溪复重建，又重新称大相国寺。其后，乾隆三十一年（1766），巡抚阿思哈奏请重修。今伽蓝乃此时重建。

大相国寺规模宏大，山门前有牌楼，牌楼外有照壁。进入山门，左右有钟鼓楼相对。次有天王殿，其中有重檐大雄宝殿。其后是八角罗汉殿，有八角回廊（图53-1）。大雄宝殿与罗汉殿的东西两侧有戒堂、斋堂及其他僧房。罗汉殿后面有藏经阁，其东面有证善祠。余等访问时寺内充满商店、饭店，可谓“摩肩接踵”，其杂乱无以名状。

大雄宝殿面阔七间，进深五间，重檐歇山顶，前有月台。斗拱为二跳拱，有尾椽上卷，如象鼻，又有珍奇装饰肘木。殿檐乃双层椽，地椽形圆。柱间容二组或一组斗拱。直角形飞檐端部，一如日本“天竺样”建筑，钉有“鼻隐板”（译者注：遮盖檐端的木板），不用横木。屋顶上层为歇山顶，中央铺黄釉瓦，四周铺碧釉瓦。檐角极度上翘（图53-2）。屋顶上层挂“大雄宝殿”匾额，下层挂“福”字额，下款“兵部侍郎南巡抚臣毕阮”（译者注：原文如此。存疑。从现有图片看，该大雄宝殿屋顶下檐今挂“佛日增辉”额，下款亦非“兵部侍郎南巡抚臣毕阮”。又，我国历史上是否有“毕阮”无法查证；查乾隆时期的著名人物有毕沅，曾任陕西巡抚，但是否任兵部侍郎不详）。恐此殿于毕阮活跃时期建成。

此大雄宝殿及其他殿宇皆乾隆年间（1736—1795）重修。其营造方式与中国北部厚重的建筑特点相反，飞檐极度上翘，于椽缘处用“鼻隐板”，且多有装饰雕刻，颇有中国南方建筑特色。但内外色彩装饰有北方建筑风格。盖开封以往乃南北势力交错之地，其营造法式综合南北风格并非偶然。（关野贞 文）

图 53-2・大相国寺・大殿・细部

图 53-1・大相国寺・罗汉堂

开宝寺址

宋代开宝寺乃日本平安朝代（794—1192）成寻法师居住之地，亦为彼圆寂场所。在日中文化交流史上此乃值得关注之大事。寺今已不存，过去也没有学者研究它建于何地。1935年9月14日，日本东方文化学院研究员结城令闻，经百般检索，终于从《祥符县志》所载某图得到启发，并据《汴京遗迹志》卷十有关上方寺与开宝寺的记述，明确了它的地址（图54-1）。

成寻法师俗姓藤原氏，相传是“参议”藤原佐理之子（译者注：藤原佐理仅有一子，名藤原赖房。故此传说是否准确不详）。日本宽弘八年（1011）生于京都，七岁入日本洛北（京都）大云院，师事于族兄藤原文庆，接受显密之法。成寻向有入宋求法之志，遂于日本延久四年即宋熙宁五年（1072）以六十二岁高龄入宋，巡礼天台山与五台山圣迹后进入汴京（今开封）。神宗皇帝闻其道誉，接见成寻于延和殿，赐紫袍，敕住太平兴国传法院。其时有日称、天吉祥、慧贤、惠询等在此奉旨译经，故成寻亦交友其间，切磋学问。熙宁六年（1073）夏于宫中瑶津亭祈雨有验，因赐善惠大师号，跻身译场监事（译者注：日本古代对成寻在宋取得的成就多有夸赞之词，与事实不符。详见曹星《有关成寻在宋活动的考察——以宫廷祈雨为主》）。此年托便船，将大小《经律论》五百二十七卷寄日本，翌年又献方物于白河天皇（译者注：1073—1087年在位，日本第72代天皇），且寄宋皇后所赐十六罗汉像于大云寺（译者注：在日本京都市）。成寻常怀归国之志，但神宗不许，倍加优待，使留开宝寺。元丰四年（1081）即日本永保元年成寻罹疾，端坐念佛，寿七十一圆寂于该寺。敕葬天台山国清寺，建塔，铭“日本善慧国师之塔”。

此乃成寻在宋记录。其渡宋时年龄六十二岁，以七十一岁入寂，在宋十载。入宋时其母犹存。据《新古今和歌集》《千载和歌集》《新千载和歌集》《万代和歌集》《新敕撰和歌集》《续后敕撰和歌集》《新拾遗和歌集》《夫木和歌集》《新续古今和歌集》等和歌集所载成寻法师母哀别离歌可知此事。成寻和歌仅传二首，其母和歌传有十首。皆可察当时求法如何艰难（按：以下译歌为大意）：

唐土亦在天底下，在宋切莫忘日本。（《新古今和歌集》九，《离别》）

我儿求法去唐土，母心比汝更凄苦。（《新拾遗和歌集》八，《离别》）

泣思我儿情更深，此生恐无相会日。（《新续古今和歌集》十，《离别》）

由此可见母子生离即死别。文献记载成寻墓在天台山国清寺，故著者常盘大定于日本大正十一年（1922）十月二十日探访国清寺，但连章安大师全身塔亦未查见，更何况善慧国师之塔，踪影全无。

成寻所住开宝寺今在开封何地，《汴京遗迹志》（译者注：明李濂撰）卷十有以下记载：

开宝寺，旧名独居寺，在上方寺之西，北齐天保十年初建，唐开元十七年玄宗东封还至寺，改曰封禅寺。宋太祖开宝三年，又改曰开宝寺，重起缭廊朵殿凡二百八十区，太宗端拱中建塔，极其伟丽……

由此可知开宝寺在上方寺西部。就上方寺，《汴京遗迹志》有以下记载：

上方寺在城之东北隅，安远门里，夷山之上，即开宝寺之东院也，一名上方院，宋仁宗庆历中，开宝寺灵感塔毁，乃于上方院建铁色琉璃砖塔，八角十三层，高三百六十尺，俗称铁塔寺……

由此可知，上方寺即今铁塔寺（图54-2）。开宝寺在上方寺西北，而上方寺原为开宝寺东院。结城令闻基于此记载，调查铁塔寺西北地区一带，发现该寺区

图54-2·由开宝寺址眺望铁塔

域于今为中山公园苗木培植区，种有一片规整的杨柳。自林中向西北走去，老树逐渐增多，行四五百米，可见一片树木稀疏的开阔地，内有稍高方形土堆，并有一口古井，在中国十分罕见。此处恰好位于上方寺西北数百米。此处有古井，可知此处曾有人居住，并可察知成寻所住的开宝寺原址正在此地。此记述乃根据结城令闻实地考察后在《日华佛教》第一卷第三号发表的文章所作。（常盘大定 文）

图 54-1・开宝寺址

龙亭

《开封府志》卷十六"古迹部"就驻跸亭有以下记载：

在布政司圆堂后。明洪武初车驾幸汴，诏建行宫。北去留大旗，以镇中原。后因此成亭（图 54-3）。明刘咸诗曰："先帝当年幸汴都，六龙会此驻銮舆。词臣径进云门乐，父母争呈地理图。想像镇旗成往事，伤心遗诏载嘉谟。恭寻圣迹登临处，哭断天涯望鼎湖。"

顾禄诗曰："禁阙重重锁不开，当年曾驻六龙来。镇旗留在人瞻仰，高飏宫中百尺台。"明洪武帝驻迹行宫后成亭。

龙亭名如二诗"六龙"所见，意指皇帝。（常盘大定 文）

图 54-3 · 龙亭全景

归德｜禹碑

禹碑刻石颇多。《金石萃编》卷二王昶所记有十三之多。此外犹有许多刻石。

（一）在云南昆明——杨慎所摹。

（二）在四川成都——杨慎所摹。

（三）在长沙岳麓——太守潘鉴所得。

（四）在西安——康熙年间毛会建所刻。

以上四拓本为王昶所藏。

（五）在绍兴禹陵——明安如山等依杨氏本摹写。

（六）在金陵栖霞山——杨时乔所刻。

（七）在甘泉——容瑺所刻。

（八）在新泉精舍——张襄所刻，见于《甘泉文集》。

（九）高氏刻本——见于《墨林快事》。

（十）汲县刻本——见于黄叔璥《重立岣嵝碑记》。

（十一）在黄县——康熙年间通江李潘所刻。

（十二）在济南长山——见于李潘《碑记》。

（十三）钱塘姜氏家藏——无名氏刻本。

以上十三个刻石中，“（三）在长沙岳麓”者与“（六）在金陵栖霞山”者出于另辑图版中。南岳与归德的刻石，属于此十三个刻石之外的刻石，故共有十五个刻石。《金石萃编》有两个释文，但据说杨氏的释文采用了沈鉴、杨廷相、郎瑛的三本书。但此三本书是否涉及十五个刻石则不明。刻石如此之多，乃因其自唐代以来于文人之间就非常有名。唐刘禹锡寄吕衡州诗曰：“传闻祝融峰，上有神禹铭。古石琅纤姿，秘文龙虎形。”崔融说：“于铄大禹，显允天德，龙画傍分，螺书匾刻。”韩退之诗曰：“岣嵝山尖神禹碑，字青石赤形模奇。”又曰：“千搜万索何处有，森森绿树猿猱悲。”刘禹锡知其名而未至其地，韩退之至其地而未见其碑。崔融所说“螺书匾刻”，有如目击亲见。宋朱晦翁、张南轩游南岳寻访而不获，后晦翁作《韩文考异》，谓退之诗乃传闻之误。总之，此碑问世乃自南宋始，故欧、赵皆不著录。后来的考据家杨慎、杨时乔、安如山、郎瑛等人信之不疑，其余皆斥为伪物。王昶亦说“今又究，无确证。”恐此端发于隋唐时文士的诗句中。经好事者之手，一度刻石，即相继有许多刻石。从此一事即可看出，中华民族有尊重文字之天性，极耐人寻味。

据说《神禹碑》原本刻于岣嵝峰上。有无此碑遂成千古疑问。就禹碑，余已于第三辑禹麓山禹碑之下花费相当笔墨。但作为参考，此辑亦刊出归德禹碑，并附有照片，与前同（图55-1）。望方家参照二者解说。（常盘大定 文）

图 55-1・禹碑

八关斋会报德记碑

碑在归德城南门外一里古开元寺小亭中，唐大历七年（772）颜真卿撰并书，王良器篆。高八尺，横八棱，一棱尺许，凡八百八十六字，缺七十四字（图55-2）。

《归德府志》卷三十就此曰："斋之址筑为堞，下临濠水。久之浸及碑，郡人张翮迁之，请余（侯朝宗）为记。岁在崇正己卯夏。碑高八尺三，横八棱，棱尺许，凡八百八十六个字，阙七十四个字。即鲁公《报德记》也。"

按：今颜鲁公祠即开元废寺。明嘉靖年间（1522—1566）巡按御史王楠至其所祀，参政乔世宁为记。清顺治初年（1644）太子太保宋权重修碑亭。考八关斋名，始见于齐武帝。《资治通鉴》曰："永明元年武帝上华林园，设八关斋。"（《新增归德府志》）（译者注：《资治通鉴》所说的"八关斋"，与此"八关斋"似无联系）

因时代不同，开元寺或称宝融寺，或称隆兴寺，但俗称大寺，想其规模必定宏大。（常盘大定 文）

图 55-2 · 开元寺址 · 八关斋会报德记碑

文雅台

文雅台在归德县城东南一里(图56)。世传孔子适宋，与众弟子在大树下习“礼”，即此地。据顾况(译者注:唐代诗人、画家、鉴赏家)所记，梁孝王时邹阳司马相如等在此燕集唱和，即文雅台的起源。或传汉文帝弟安帝，集文客于此，因此得名。《归德府志》卷三十二记，清顺治十五年(1658)知府邱正策重修，康熙年间(1662—1722)知府胡国佐、谭九叙又相继修葺。如今(日本大正十年十一月二十五日)文雅台的中心为孔子庙，后方有殿堂，安置老子石像(图57-1)。庭中有池，名伐檀坑。池为八角莲池，相传乃桓魁伐大树之地。说是孔子集弟子在大树下习“礼”，齐国大夫桓魁恶之，砍该树。孔子说“天生德于予，桓魁其如予何？”说完离开此地。坑即伐树之地故址(图57-2)。(常盘大定 文)

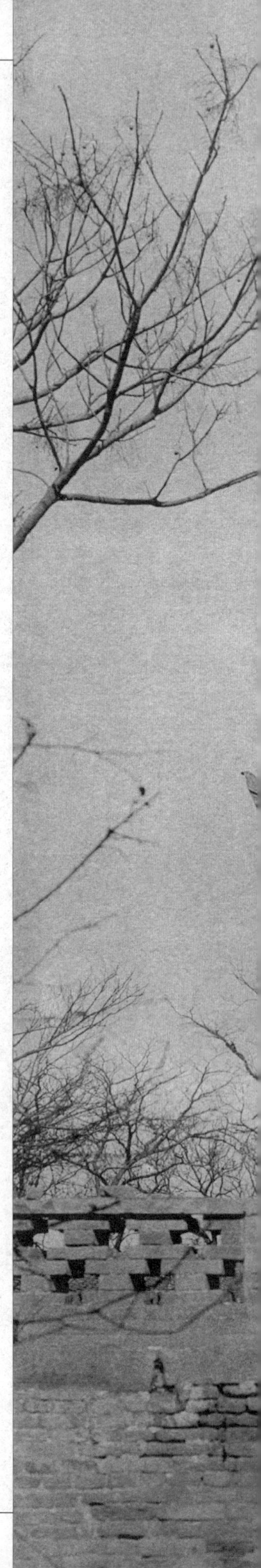

图56·文雅台

图 57-1・文雅台・老子殿

图 57-2・文雅台・伐檀坑

鹿邑 | 太清宫

太清宫在鹿邑县城东十里铺，距安徽省亳州六十里。亳州在归德以南一百三十五里。

太清宫唐代时规模宏大，但今日（1921）却残破不堪，与村庙无异（图58）。然前庭有金代《重修太清宫碑》、明代《老子赞合刻碑》《道德经碑》，再稍往右有《大元应缘扶教肇玄崇道真君道行碑》，可让人回想当年盛景。大殿不大，其中安老子像，乃近代作品（图61-1）。其后五六百米有后宫，祀老子之母先天太后（图61-2）。太清宫殿宇完备，前方靠左不远有大碑，刻宋真宗皇帝《太后赞》。此大碑在太清宫中最为古老（图60）。

如上述，太清宫于今不过村庙而已，但其起源却颇为久远。此地乃古代苦县苦城遗址。《史记·老子传》说老子是“楚苦县厉乡曲仁里人也”，所以相传此宫即老子故居。东汉桓帝所建之庙即此宫起源。桓帝时边韶写《苦县老子祠碑记》。因有文字，故可知立碑之事。又说有铭，题于魏黄初三年（222）太清宫石阙，故可知有东汉后石阙。至唐高祖时依吉善行所言，以老子为祖先。武德三年（620）建宫阙，有如帝王居所。稍前有隋薛道衡撰《老子碑记》。既有此类文字，可知唐以前即有崇拜老子之事。吉善行以老子为李姓唐室祖先，契合帝室之意，有上举亦势所必然。至高宗乾封元年（666）追封老子为“太上玄元皇帝”。玄宗开元十八年（730）房自谦撰《老子庙碑》立；开元二十二年（734）李升卿撰《圣母碑》。天宝元年（742）追尊老子之父李乾为“先天太皇”，其母为“先天太后”。玄宗亲来谒庙，改名为太清宫，改后宫为洞宵宫。宋真宗亦于大中祥符七年（1014）谒老子太清宫，另建太清楼。《先天太后赞》乃彼时所撰。因历代增修，故有紫极、广灵、太清三宫并立，但北宋末年遇靖康兵燹，一时归于荒废。金明昌年间（1190—1196）李显武重修，但明隆庆六年（1572）知县王冠重修鹿邑县城时太清宫仍半在煨烬之中。韩友苑重修城时尽毁汉唐以来石碑，碑不复存。

太清宫昌盛时有老子石像与八棵桧树。传说宫中太极殿乃老子诞生之地。老子诞生时有九龙在此洗浴，故太极殿东有九龙井。桧树乃老子手植，四对，有丹桧、纽桧、御桧与升天桧等名（图59）。太极殿、九龙井、八桧过去名闻遐迩，而如今徒有虚名。记录说宫门左亦有碑，唐代名《推尊老子徽号碑》，但早已剥蚀，仅存“武德元和”数字。此碑予最为心仪，但如今空留遗迹。宫前金代胡筠所撰《续修太清宫记碑》颇能反映太清宫之变迁。前庭《道德经碑》无年号。记录中清代胡中所镌五千三百一十字的《道德经碑》恐即此碑。《道德经碑》旁有铁柱，乃附会老子为“柱下史”之产物。

图58·太清宫·道德经幢

图 61-1・太清宫・后宫・老子像

图 61-2・太清宫・后宫・先天太后像

图 60-1・太清宫・后宫与宋碑全景

图 60-2 · 太清宫 · 宋真宗碑

图59・太清宫・八桧之一

升仙台

鹿邑县城右方有庙，为湖水环绕。入口挂榜，题“众妙之门”。两柱左右，右嵌“孔子问礼”、左嵌“宋陈希彝先生故里”题字。问人此乃何地，答曰老子升仙台（图62-1）。内有两碑，据此可知鹿邑县老子遗址有两处，即此升仙台与县东十里的太清宫。

如今（1921）鹿邑县城以三清宫（或称明道宫）为中心，左有文昌帝祠，后有八蜡庙，再左有吕祖庙，后有碑，刻“八神仙天歌石”，篆书。碑后有碑亭，亭后高台即升仙台，此庭院有铁柱（图62-2）。

据《鹿邑县志》，升仙台即唐初所建的紫微宫，天宝二年（743）改称太清坛，宋真宗时改称明道宫，后称升仙台或拜仙坛。铁柱于此处与太清宫皆有，乃唐代旧物，系附会老子为“柱下史”之产物。升仙台有诸多石碑，但无万历（1573—1620）前的作品。如此看来，升仙台乃唐代以后建筑，故只有此太清宫可比拟为老子故居。

道教的起源与汉民族的起源同步，但道教初具宗教形态，当在佛教兴起即东汉明帝（28—75）后六十年以降，沛国张陵在四川鹤鸣山从太上老君处获得启示之后。从当时已有的“老子入夷狄为浮屠”这一说法看，道教的形成与新传来的佛教的刺激有关。具有强烈保守意识的汉民族，在将老子等同于浮屠之前，应当对佛教有相当的了解。若从与佛教的关系把握道教起源的话，则道教的研究在佛教史研究中确有一席之地。桓帝于延熹八年（165）遣中常侍左悺使陈国苦县祀老子，延熹九年（166）又亲祀老子于濯龙宫，以文罽为坛，饰纯金扣器，设华盖座，用郊天乐。此乃月氏国娄迦谶、安息国世高于洛阳勤奋翻译佛典时发生之事。此时已获得神格的老子恐已被附会为佛教的释迦。明帝（28—75）时楚王英早已“诵黄老之微词，尚浮屠之仁祠”，暗示这二者的关系。其后道教同佛教的关系可谓互为因缘，错综复杂。若道教的起源与佛教有关，则获得尊主地位的老子的故居即当时的苦县，自东汉以来一直受朝野尊崇。予有拜访此地的夙愿，今日终于千里迢迢来到此地。（常盘大定 文）

图62-1·升仙台·全景

图 62-2 · 升仙台 · 铁柱

河南宝山 BAOSHAN MOUNTAIN OF HENAN PROVINCE

河南彰德 ZHANGDE COUNTY OF HENAN PROVINCE

SONGSHAN MOUNTAIN OF HENAN PROVINCE
GONGXIAN COUNTY OF HENAN PROVINCE
YANSHI CITY OF HENAN PROVINCE
SISHUI TOWNSHIP OF HENAN PROVINCE

ZHENGZHOU CITY OF HENAN PROVINCE
MIXIAN COUNTY OF HENAN PROVINCE
LUOYANG CITY OF HENAN PROVINCE
KAIFENG CITY OF HENAN PROVINCE

BAOSHAN MOUNTAIN OF HENAN PROVINCE
ZHANGDE COUNTY OF HENAN PROVINCE

NORTHERN XIANGTANG MOUNTAIN OF HENAN PROVINCE
SOUTHERN XIANGTANG MOUNTAIN OF HEBEI PROVINCE

河南宝山

概说

彰德府在六朝时期邺都的西南部，即唐代的相州，乃佛教发祥地之一，在佛教史上可与长安、洛阳、南京相提并论。著名学僧前有后赵的佛图澄，中有北齐的僧稠、慧光、道凭、慧可等，后有隋唐的灵裕、慧休。此类学僧以此地为主教化周边地域，在佛教史上非常著名。古邺都接近今日的彰德府城，但位置稍有不同，在恒水东北部。因此，曾坐落于邺都西南韩陵山的定国寺，如今位于府城东北十七里处。

后赵石氏朝廷佛图澄的教化实为亘古未有之事。佛教于中国能取得国教地位，实赖佛图澄之力。其最大功绩在于，除将佛教普及至朝廷与民众外，还培养出如道安、竺法汰、竺法和等众多杰出僧侣。中国佛教得以从老庄思想中独立出来，实乃佛图澄播撒种子，道安使之开花的结果。

佛图澄（232—348）圆寂后，隔数代于此地出现的伟人乃北齐的僧稠（480—560）。僧稠应文宣王召，以七十余岁高龄初出常山，至邺都，为帝说正理，使帝受禅道与菩萨戒，断酒禁肉。僧稠在皇宫住四十余日，欲还常山，但帝以便于咨询为由，于天宝三年（552）在邺都西南八十里龙山建云门寺，使僧稠住下，并兼石窟寺住持。文宣帝渴望禅法，于国内各州皆设禅寺，最终欲废法师（译者注：一种学位的称号，在佛教中，能演讲佛经的出家比丘被称为法师）。僧稠谏之：“识邪正，达幽微，不可不待法师弘通开导。法师即此禅业初宗。”帝大喜，分国贮为三，一分国用，一分自用，一分充供养三宝。至此佛教流传达至鼎盛。僧稠于乾明元年（560）年八十一入寂云门寺。初僧稠由北魏朝徵为太学博士，二十八岁时随钜鹿的僧寔出家，后从跋陀三藏的弟子道房修禅，后至定州、赵州诸山，依《涅槃经》“四念处法”（译者注：“四念处”是早期佛教中的修行方法，初为观身如身、观受如受、观心如心、观法如法，后被窄化为观身不净、观受是苦、观心无常、观法无我）修禅，又行“十六特胜法”（译者注：详见《选佛谱》卷第四），得“情想澄然”，故至嵩山少林寺，面对跋陀，呈其所证，得“自葱岭以东禅学之最”的认可，并受“深要”，住嵩岳寺。其后修道于怀州诸山，辞魏孝明帝三召、孝武帝一召，不出山。更转北边常山时，北齐文宣帝有召，应之。云门寺，隋代一度为慧休居所。所谓石窟大寺，恐为鼓山石窟寺。于本卷“响堂山（下）”已有叙述。据说云门寺在宝山东面龙山上，但今遗迹不存。

慧光同僧稠，乃少林寺跋陀三藏弟子，学业有成后为北齐所召，住邺下大觉寺，举为“国统”，年七十岁入寂大觉寺。初慧光年十二三，为跋陀所见而得度，早已有圣沙弥之称。由其指授，研究“四分律”（译者注：凡六十卷。姚秦佛陀耶舍与竺佛念共译于长安，又称昙无德律、四分律藏），后从召郡辨公学经论。后又随跋陀入嵩山少林寺，参与初传的菩提流支、勒那摩提的《十地经》的翻译，提纲挈领，舍弃二人翻译“三藏”（译者注：印度佛教圣典，分别为经藏、律藏、论藏）的做法。由于此新教义的传来，佛学教义为之一变，而慧光实为其核心人物。慧光学律修禅，更为“地宗论”鼻祖。其门下有“地宗论学”十大弟子，亦有济济一堂的“四分律”学者。东魏年间（534—550）于洛阳任“国僧都”，次至北齐举为“国统”。因新教义《十地经》的翻译，在以邺都为核心的地域形成一大势力。菩提流支一派的道宠与勒那摩提一派的慧光，作为各自的领袖俱闻名于佛教史上。后学者称道宠一派为相州北道，慧光一派为相州南道，因二者所处地正好位于邺都的南北。最初两派对立，但由于慧光门下名僧辈出，故至隋代，仅南道一派独盛一时。魏齐间（460—580）北方佛教学者中慧光实为其佼佼者。学者称其为“慧光僧统”或“光统律师”。留其遗迹的大觉寺随时代变迁早已湮灭，今不知所踪。

慧可乃菩提达摩弟子，早于慧光居邺都，以活禅师名宣讲《楞伽经》，给佛教界增添新的生命。慧可以存命四十为期，从学达摩六载。达摩入寂洛滨后慧可隐遁于河涘，但名声已及四方。东魏天平（534）初至邺都，开秘苑，其所说不拘泥于文字，故为死抠原文之徒所非难，尤遭有千许僧徒的道恒禅师之恨。但道恒众多弟子因慧可而心服，去道恒而从慧可。道恒贿赂官府，欲加害慧可，但慧可心无所恨，安临死地。此事更使道恒弟子改变心意，臣服于慧可之前。慧可依达摩所授《楞伽经》冶心锤炼，其所说脱名相（译者注：佛教语。耳可闻者曰名，眼可见者曰相），以直接且简洁的高论，一举超越世说。以故其所说虽不入俚耳，但在何居士、化公、廖公和禅公诸人之间，却有肝胆相照的知音。据云北齐天宝（555）初，何居士慕慧可之道（译者注：佛道教义之真意），致书以通好，其间问答成为妙偈，故时人集之竟成部类。另辑所提的南京栖霞寺，乃三论宗的慧布所开创。慧布远来邺都，随慧可学新经，并携带众多章疏回南方。慧可堪称中国禅宗达摩宗的第二鼻祖。嵩山少林寺境内有二祖庵，此事于另辑已有阐述。而邺都其遗址却不可求。《景德传灯录》（译者注：宋真宗景德年间，释道原所撰之禅宗灯史）载，慧可于隋开皇十三年（593）年一百零七岁入寂，葬磁州滏阳县东北七十里，但于今难以搜寻。

灵泉寺

自彰德府向西行四十五里，达水冶镇，再折向西南，过龙山，再行二十五里山路，即可达宝山。宝山属安阳县，宝山古刹称灵泉寺，通称宝山寺。因东魏、北齐的都城皆接近今日的彰德府，故从六朝末至隋而唐，宝山寺始终为煌煌巨刹。宝山寺由魏朝道凭开创，隋朝灵裕、唐朝慧休等著名大德高僧相继住于此。将此寺经营为煌煌巨刹，乃依灵裕之力。灵裕说服齐安东王娄睿“倾撒金贝”，乃有事成。著者常盘大定于山东见宝山拓本，期有所得，于日本大正十年（1921）十一月三十日初来此地，收获之多，颇感望外之喜。宝山照片由作者自拍，拓本则多求他人完成，但灰身塔铭乃自拓。

如今灵泉寺有天王殿、大雄殿、大悲殿及许多建筑，仍保留古代名刹的遗风。寺院中值得特别关注的古迹有以下多处：

大留圣窟——或称朱砂洞。

大住圣窟——或称响堂洞。

隋故演空寺灵裕法师塔。

唐故灵泉寺玄林禅师塔并天宝八载陆长源撰玄林禅师神道碑。

灵裕法师灰身塔、慧休法师灰身塔及众多灰身塔。

图63中所示耸立于后方的重檐屋顶殿堂即大悲殿。大悲殿前方殿堂乃大雄殿。最前方的乃天王殿。寺院右面丛林中星星点点散落的是诸住持高大的墓塔，其中最大的乃玄林塔。隔寺庙与玄林塔相对的前丘上有灵裕塔。

大留窟在耸立于灵泉寺南面的山峰腰部。大住窟在耸立于玄林塔右面的山峰腰部。为方便，于此称为南峰与北峰。北峰有灵裕灰身塔及约三十座的墓塔。南峰有慧休灰身塔及约二十座墓塔。然而开基者道凭法师的墓塔与供养塔皆不见，实为遗憾。（常盘大定 文）

图 63・宝山・灵泉寺・全景

道凭法师

宝山寺开山祖道凭（487—559）乃慧光僧统弟子。初为《维摩经》《涅槃经》学者，享有盛名，以致在嵩山少林寺夏坐（译者注:印度佛教和尚每年雨季在寺庙里安居三个月的行为）时有问道僧披榛（译者注:砍去丛生之草木，多喻创业或前进中的艰难）而至。尽管如此，道凭在听闻慧光称扬“四分律”后仍跟从慧光长达十年。此间道凭亦研究《十地经》，业成后讲《十地经》《四分律》《涅槃经》《华严经》，不寻文章，不持章疏，不执笔墨，自由“开塞于之”（译者注:语出自《商君书》。“开塞”即开已塞之道。商鞅所说的已塞之道指商汤和周武王用武力统一天下的道路），故时人因其辩比之为舍利弗（译者注:佛陀十大弟子之一，以智慧第一著称，又作舍利弗多、舍利弗罗、舍利弗怛罗等），并与同门的法上相提并论，说“凭师法相，上公文句，一代希宝”。道凭的信念在于“愿生安乐”。天保十年（559）年七十二入寂宝山寺。著者往访时于大雄殿前某殿残址废壁上见一嵌入小碑，上刻“魏武帝四年道凭法师造”，据此明确寺之创立时间（图68-3）。寺庭明碑与钟楼前明碑曰:“道凭不独开基此寺，亦开两窟。”将此一切皆归于道凭。然道凭所开恐怕仅有大留窟了（译者注:常盘大定之后引文，似与此说不符）。钟楼前明碑曰:

宝山灵泉寺并建石桥屡功记……创自大魏四年，祖师道凭法师创造。朱砂洞、响堂洞、各山岩造石佛百余处。至齐隋间，灵裕法师，文帝诏入长安，赐绫锦三百段。回乡说法。大构选佛之场……

（常盘大定）

图68-3・宝山・灵泉寺・寺门外壁嵌入碑・拓本

灵裕法师

灵裕欲从慧光至邺下，但遇慧光入寂已七日，于是从道凭。据以下碑文可知，灵裕于天平二年（535）十八岁出家，因博学有“裕菩萨”之称。道凭寂后灵裕继承衣钵，住宝山寺。周武帝灭北齐，灵裕遇废北齐佛法之厄运，昼读俗书，夜讲正理，于内于外，多有著述。至隋举为“都统”，但坚辞不受。后应文帝之召，于开皇十一年（591）以七十四岁高龄辞官乘，步行入长安，住大兴善寺，举为“国统”，但又辞还宝山寺。文帝赐绫锦衣物绢三百段，助其营造，并御书敕号“灵泉寺”，乃加八山之“泉”于灵裕的“灵”字。晚年灵裕住演空寺，大业元年（605）于演空寺念佛时入寂，享年八十八岁，葬灵泉寺，旁建塔。宝山灵泉寺乃灵裕倾注心血最多之处，其经营亦凭灵裕之力。

灵裕于学问上与隋代净影寺博学的慧远相若，有名望，于德行则更胜于慧远。其著述纵横内外，不少反映出形势变化多端中周武帝废佛时所尝之痛苦。如《灭法记》《寺破报应记》《圣迹记》《佛法东行记》《齐世三宝记》，皆洋溢灵裕护法之热情。

灵裕法师灰身塔在北峰（图80）。峰上下左右有众多灰身塔，其中最大者乃灵裕法师灰身塔。即一处方壁开凿于天然岩石间，其中刻舍利塔，塔身造龛，塔左右侧刻法师事迹。如此墓形有宝山特色，乃他处所不可见。墓塔大小不一，无论是否刻事迹但皆刻塔，此其共通之处。题灰身塔或碎身塔，恐因荼毘（译者注:

即火葬。荼毘为印度四葬之一，在佛陀出世之前，这一葬法被视为正葬）后于此将骨灰飞撒空中而有此名。此灰身塔恐非收纳荼毘舍利之处。因为无论何塔，皆不见收纳舍利的形迹。寺僧坟墓如此建造最为合适，此必出自灵裕的创意。

塔之一部遭破坏，但可见其大致形制。正面作龛，内置灵裕像，可惜头部遗失。龛两旁立八角柱，上下与中部刻莲花，上有莲花拱，其两端作凤形，接柱头，犹可见隋代形制的余影。塔檐由奇异蛇腹状构成，其中央与两端作花形，塔顶有球盖，其上刻露盘、莲座、受花（受花，佛像台座莲瓣的名称，指莲瓣上翘或以水平状的样态承受佛像的形式，反方向者称"反花"；有时也将背光下部的莲瓣称作"受花"）上冠有四层相轮与宝珠。相轮上可见许多莲花纹。塔檐下小壁似刻列像，但因破坏无法确定。其上有门框装饰横木状图形，刻莲花。总之，此塔无可比拟，极其珍贵。虽为唐初作品，但犹存隋代遗制。据两旁碑刻可确立其年代，非常难得。

壁刻说大唐贞观六季（633）岁次壬辰八月壬午朔日廿日辛丑建，大法师行记，弟子海云集，但不记大法师乃何人。碑文过半剥蚀，其中有"又是光律师之孙凭法师之"之语，还有"从隐律师学于四分"之语。亦说寂于安阳演空寺，举其著述有《十怨颂》《十志颂》《灭法记》一卷、《申情记》一卷与《齐亡消日颂》。皆灵裕所作。毋庸置疑此乃灵裕法师之塔。撰文弟子海云，恐即北峰某碑所云"报恩寺故大海云法师"（图81）。灵裕传除刻于此灰身塔左右外，还见于嵌于前丘灵裕塔内壁之碑刻上。

灵裕灰身塔两侧刻其传记。塔后分两段，上段刻东方善德如来等十方佛名，下段刻十二部经名、七地诸菩萨僧、《摄大乘论》中法身七念偈、法身五喜偈。

所谓七地（菩萨地至佛地间之行位，详见《菩萨地持经》卷十、《大乘义章》卷十二）诸菩萨僧，指种性地、解行地、净心地、行迹地、决定地、决定行地、毕竟地。此说见于北凉昙无谶译《菩萨地持经》第十"地品"。决定行地即此菩萨地，种性地即此菩萨如来共地。其亦见于异译刘宋求那跋摩《菩萨善戒经》第九卷"毕竟地摄取品第二"，但名称多少有异，不同点在于决定行地乃菩萨地，种性地乃声闻菩萨共地。

《摄大乘论》乃陈朝真谛译，两偈皆见于卷下末尾部分。虽说此论早在北魏普泰元年（531）即由佛陀扇多翻译于洛阳，但真谛仍在陈天嘉四年（563）重译于广州。此系当时《摄大乘论》之研究乃据真谛译本而开展的有力证据。佛陀扇多译出本论但未译释论，而无释论，则根本无法理解印度佛教精华的本论。直至真谛译出本论与释论后，其研究方才兴起。

灵裕法师塔在寺院对面山丘上。宋绍圣元年（1094）造，砖筑二层方塔。一层斗拱乃多跳斗拱，有拳鼻，在台轮与头贯端部造简单刳形，系日本镰仓时代所谓的唐式建筑的先驱。塔檐由圆檩以上四层雀替构成，塔顶用砖层层迭出。二层明显低矮窄小，不用斗拱。塔檐作深凹曲线，塔顶有露盘，台上冠有宝瓶状顶饰（图64），为宋塔代表性遗构。

塔内壁嵌有石碑，刻宋绍圣元年（1094）撰法师传（图79-2）。塔背外壁嵌有小碑，刻法师赞。

塔侧有二碑，皆刻《华严经》。一为"明难品"，一为"初发心菩萨功德品"（图64）。

据嵌入塔壁的灵裕法师传碑，可知此塔建造缘起。宋元祐八年（1039）九月，释德殊天禧年间（1017—1021）应宫廷侧近牛彦景邀，登府讲法期间游宝山探胜景，见有玄林塔像与道凭石堂，但无功德最大的灵裕支提（译者注：梵文 caitya 的音译，佛教建筑，一般为塔庙、祠堂、佛殿），大发感慨。于是鼓动信士郭文真率众在寺东南隅峰峦上建塔设像。绍圣元年（1094）十二月，德殊在《灵裕传》结尾记此事。由此可知，造塔时间比灵裕入寂的大业元年（605）晚四百八十九年，至宋朝中叶用一年三个月的时间建成，并在此时塔内造灵裕像。像于今不存。又据德殊记述，还可知除玄林塔像外，另有道凭石堂。道凭石堂应指安放道凭石像的石室，此亦不存。大雄殿与天王殿间废址有《魏道凭造壁碑》，或为道凭石堂残址。

《灵裕传》中须关注者，乃其与净影（译者注：碑为"静影"）寺慧远的关系。碑文说慧远作《涅槃经疏》，详练捡覆，缘此欲传法。灵裕厉声曰："慧远读疏而云。法事因缘众僧听戒。可是魔说！"使（慧）远闻而惮之。此据道宣《续高僧传》卷九灵裕传。《高僧传》就此有更详细的记述。《续高僧传·灵裕传》曰："（灵裕）生常处众必先端首。说戒羯磨无传欲法。讽谏之术闻者如流。当于京辇入净影寺。正值布萨径坐堂中。见远公说欲。裕抗声曰。慧远读疏而云。法事因缘众僧听戒。可是魔说。……远趋而诣堂。裕曰。闻仁弘法身令易传。凡习尚欣。圣禁宁准。远顶礼自诫衔泣受之。"所谓"传欲"，是指说戒时本人不列席，而让他人传随喜（译者注：著者原语，不知出自何处，恐有误）之意。其时慧远作《涅槃经疏》，惜寸阴，故传欲。灵裕要求慧远亲自传法，表示对圣禁行说欲之举实为不当。（常盘大定 文）

图 80 · 宝山 · 灵泉寺 · 隋灵裕法师灰身塔

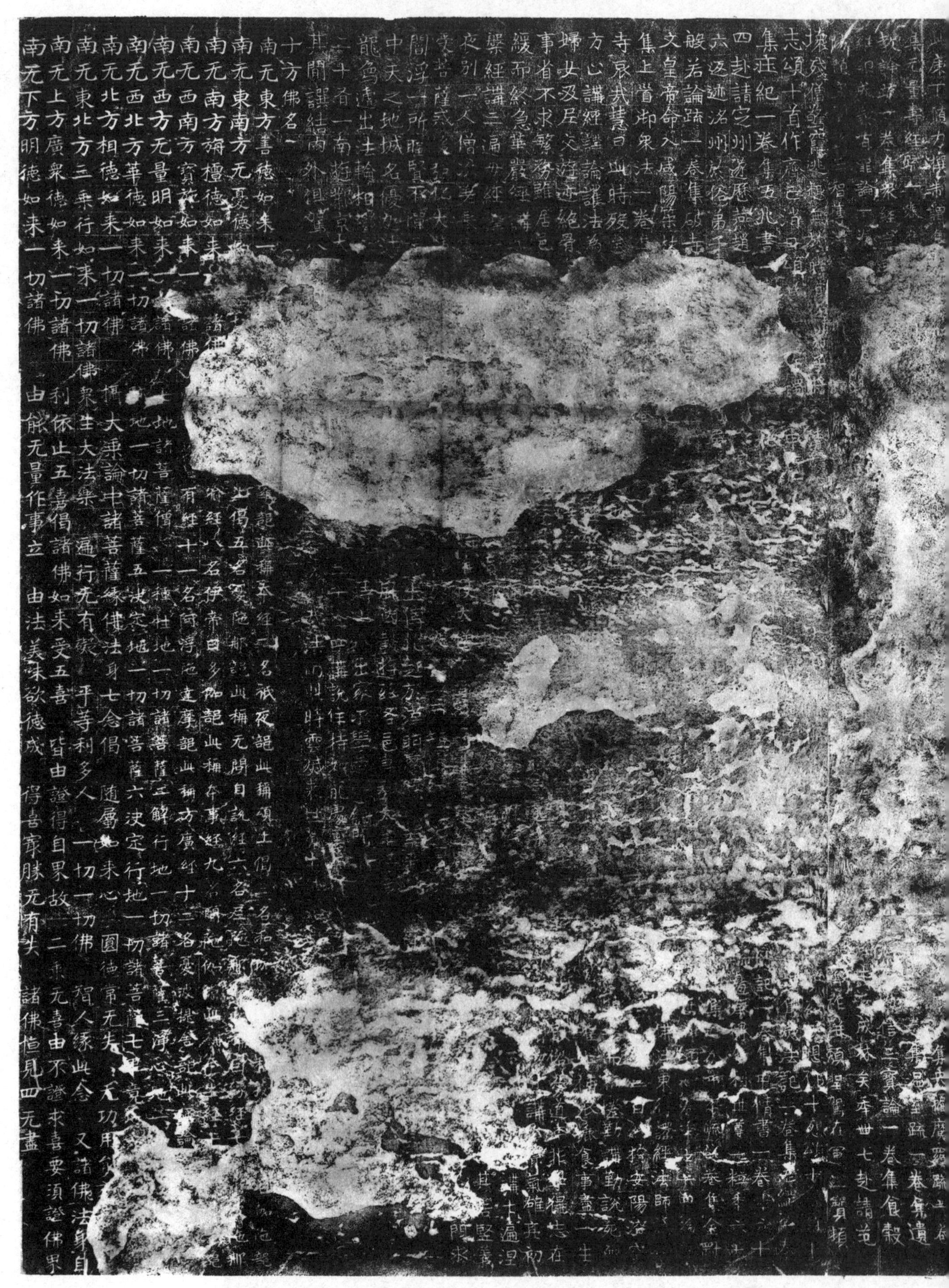

图 81 · 宝山 · 灵泉寺 · 隋灵裕法师灰身塔 · 左右侧刻 · 法师行记 · 拓本

图 64 · 宝山 · 灵泉寺 · 隋灵裕法师塔与刻经碑

有隋相州天禧鎮寶山靈泉寺傳法高僧靈裕法師傳并序

釋靈裕法師姓趙氏定州曲陽人也在幼童時每見沙門佛像必

父憂苫凶哀瘠杖而後起事親篤孝編之史冊服畢遂往趙郡應覺

論及華嚴涅槃等經皆晨夜研究博尋舊解闡發新異衆翕然稱

類後法上頗欽服之裕常與諸僧共談儒教旁設講席聽者同集

之受戒焉裕持性剛潔器識堅明志存遠大不局偏授每有傳講

遠法師造涅槃經疏詳練撿覆緣此傳欲師勵聲曰惠遠讀疏言

尼衆莫敢面參其嚴毅如此嘗與鄴下諸法師連坐開講齊安東

戒師造寶山寺以居之裕通達三乘辯對乘機前後所講科目無常

毀釋教裕乃衣斬縗冠布經與同侶二十餘人潛遁村落晝誦儒

裕歎曰先民有言紙資因傷驗於今矣乃取卜書對衆焚之更以

之衣凡乖律則並不入室常服祁支纔過其肘人或誚之法師答

年相州刺史樊叔略創立講會延集名僧有詔令立僧官叔略乃舉

用非器事理難從叔略不聽裕乃迺潛遊燕趙久之還居相州大慈

之禮求受菩薩戒師曰至尊是萬基之主靈裕乃凡庸此豈詎敢

左僕射高熲右僕射蘇威納言虞慶則總管賀若弼等詣寺宣旨

蓋取八山之泉師之七字合以為稱聖意欲存師名之不朽月既

為吉祥裕聞歎曰此相禍福兼表夫白花白樹白塔白雲豈非凶

為王貴喜設齋慶之裕曰此乃瑠璃耳誠之慎之宜禳禍祈福貴

于演空寺道俗相與殯於寶山靈泉寺側裕所有經律疏義及詩

知也有弟子曰光寺法礪慈潤寺惠休定國寺道昂并曇榮等皆

彥景命余就弟敷演向有二日乘暇領徒遊目寶山攀蘿捫石越

堂魏齊隆替之基周隋廢興之跡遺緒備存勒之琬琰獨師威德

率衆於寺之東南隅岑麓之上建塔設像偶好古觀風之士瞻仰

图 79-2・宝山・灵泉寺・灵塔塔内・灵裕法师传碑・拓本

慧休法师

慧休乃灵裕法师弟子，曾于玄奘三藏赴天竺前学习《摄论》。道宣在《续高僧传》卷六十五记：慧休法师“至今贞观十九年中，春秋九十有八，见住慈润(寺)。爽健如前”。对慧休充满敬意。从《续高僧传》与法师灰身塔左右所刻《记德文》可了解慧休法师的一生。

《记德文》举其师为灵裕外，还说其毗尼五部之师乃僧树律师。就此《续高僧传》有更详细的记述。据此可知，慧休随灵裕学《华严经》，往渤海从明彦听《成实论》，又从志念听《雄心论》《婆娑经》，著有《杂心玄章》《抄疏》。灵裕应召入长安时，慧休从灵裕至长安，恰遇昙迁与道尼等讲《摄论》，听三遍加疏章于其中。至此大小乘经论殆无所不通，唯律部未精阅，故从道洪与法砺学《四分律》。举慧休学律之师为道洪、法砺，学《摄论》之师为昙迁、道尼，学小乘论之师为志念，颇得当。

隋末慧休返相州，居云门寺。当时此地贼难达四次之多，云门寺成贼屯所，罹焚毁之灾。人危物匮时慧休挺身安民心，为曹公徐世勣(即后来的宰相李勣)认可，移住宝山滋润寺。贞观九年(635)蒙敕召，但以老病固辞不就。贞观二十年(646)年九十九入寂该寺。翌年所建灰身塔在南峰，刻《记德文》于塔之左右(图82)。

此《记德文》详记其著述，有《十地义记》《地持义记》《成实论义章》与《成实论疏》《毗婆娑论》《迦旃延经》《杂阿毗昙》等疏、小乘大乘论之《义疏》、继慧远法师之志所撰之《华严疏》《大乘义章》四十八卷。(常盘大定 文)

图 82・宝山・灵泉寺・唐慧休法师灰身塔铭・拓本

玄林禅师

玄林塔在宝山寺内西北隅高处，屹立于丛林间众多墓塔中（图65）。此塔与另辑介绍的泰山灵岩寺法定塔形制相同。建于唐天宝八年（749），方塔，两层。一层正门开拱门，内安玄林石像。一层塔檐以砖层层迭出，呈凹曲线轮廓。二层低矮且小，塔檐不似一层那样以阶梯状迭出。各层砖皆经磨合，于各面中央与四隅造花形。塔顶以砖作莲花座、覆钵、受花与相轮。相轮上部损坏。总之，此塔形态庄重，各部比例适宜，细部亦可观，乃唐代同类建筑有代表性之佳作。

塔前有“唐故灵泉寺玄林禅师神道碑”（图66）。唐天宝八年（749）立，陆长源撰文。玄林有此神道碑与塔像，当为唐代高僧，但僧传却不传其名，全然逸出佛教史外。碑文记：

尧城人也，俗姓路氏，黄帝之后，封于路国。因而为氏。其祖有捕虏将军、豫州刺史，中兴书。初穷百氏九流，学步骑弹射，皆有绝伦之称。后见阿毗昙藏，发心入道，依龙兴寺解律师受具，隶属灵泉寺。通戒律，有律虎与义龙之号，门户大张，有感化力。至城邑，屠说停刀，酒赵释爵，使苛吏败俗去贡高，破重昏。

景龙三年（709），敕追与僧玄散同为翻译大德。但玄林累表恳请，诏许还山，后居灵泉寺达六十年之久。此间或宴坐林中，或经行岩下。每游峰选胜建塔，使山上数十处有窣堵波（译者注：僧塔）。又抄藏经，导学者，腾声洛下，独步邺中。天宝五年（746），年九十余，僧腊（译者注：指僧尼受戒后的年岁）七十一而寂。天宝八年（749）建塔于寺西北角，以安其神。建塔者乃弟子大通。

尽管有如此煌煌传记与遗物，但玄林的学统却不明了。其得度受戒之师乃龙兴寺解律师，但使其获义龙之称的经师为谁亦不明了。同称翻译大德的玄散或为其师。玄散同样未于僧传留名。如此看来，灵泉寺即成道凭、灵裕、慧休三代学德的故居。慧休入寂乃贞观二十一年（647），玄林尚未出世，与慧休有三十年间隔。填补此间隔的恐为玄散。据此一碑，余得以推察慧休后的学统。（常盘大定 文）

图65・宝山・灵泉寺・唐玄林禅师塔

蓮福道儀者棠弘禪師智括者情德道無礙體含虛韻性有異能妙窮音律雅好圖
畫季長公瑾別有新聲蒭之僧瑤皆德真蹤以是好事殊子翁迩同風極為施心
終長物者流離道跡寄於風霜鄉隔山川親無強近飢者推之以食寒者解之以衣
人中之慈難法中之慈濟也景龍三年勅進入僧云散詞翻譯大德景叔

懇請詔許還山禪師寶居此寺凡六十年感宴坐林中果日迹返感經行叢巖
下瑜月而還殊異人間行標物表每遊峯選勝建塔崇功鷲窟飛來鷹如踊出寶室
杖標之所得自神人破鵠移蹤之處傳諸耆老令山上數十處有窣堵波者即其事
也自金人入夢白馬負來譯音議於天竺布文字於震旦是為教本寔曰道因禪師
遍寫藏經以導學者德實無量行非有涯不慚摠持辯才禪定智惠而已故騰聲洛
下獨步鄴中齊達觀之大名繼稠融之遐躅覽日月大地盛歸有盡之源河海高山
不出無常之境天寶五載十二月十日因閱僧務詣至德里迴首西方端坐如定不
疾而化春秋九十餘僧臘七十六日墨震驚車徒寡慕雷慟雨泣隘谷填山粵以其
月十七日遷靈坐于本寺禪院真身忽然流汗是知因生有感乃現真空示聖出凡
獨標靈相以載二月十五日即身塔於寺之西北隅以安神也其夜霜霰凝山
川草木皓然如素東都雲門西連磴谷一佛二佛前身後身林嶺之風烟成鄴衛
之松栢禪師洞合神契妙達法源義則解空智藏律先是寺中新植衆菓弱未成
林慈念所務扶之以杖其夜大雪折樹摧枝唯時小枝不動如拔師之冥感多此類
也門人等味道通經達州跨境歸宗羅像入法蓋踰三千門徒皆傳經於闡里四百
弟子空門道於襄陽弟子大通觀奢者摩訶陁羅院家寔之歲紉熱勞以求師智釋
之年載弟從道調九儀以陰五疾朗六度伏四魔感自舊恩錄漏故事龕塔
山古霜露歲深虎溪為陵高嶽不云於刻傳龍山若礪盛德長存乎此詞其銘曰
教有非有觀相非相日雜諸妄得諸捨法悟空非空是法摩象日景常朗雲藏其耀
無雲自照佛性常在欲生其塵無以為真無相捨有出空離法大師弘業觀日陰雲
無以歸佛大師秘密法灌有滿于中流濟之以舟舟之以智沒于五濁導之以覺
因心發惠惠契于道澄其性霈緣有生生歸於無理不存體恒沙一劫藏舟閱水
真身去矣遷禮嵩古雲門靈泉飛塔巋然

唐故靈泉寺玄林禪師神道碑并序　監察御史陸長源撰
法本無生之謂真心因不染之謂寂寂有求真之謂寂體真歸寂之謂如非夫至覺
惠源深寂定居何至以大明觀行獨秉禪宗使定惠兼備室有碩遺道流東夏聖齋
北山我禪師諱玄林堯城人也俗姓路氏黃帝之後封于路國因而爲氏捕虜將軍
欽貴爲後魏錄豫州刺史永出晉中興書邁種于人嗣有明德禪師襟靈奕奕神氣
雋遠生而克峻弱歲好尋初遊神書府精意儒術觀百氏之奧窮九流之源年將之
冠義而存深成之來詳多聞莫不窮賾至妙剖析玄理淺若求釋朗然雲開至如投
握張步騎禪射人則曠劫藝皆絕倫後讀阿毗曇藏遂發心入道從魏興寺從律
師學業依年受具綠居靈泉佛寺抵哀之歲惠遠即風雅書生落髮之年道融乃從
服禪子以戒爲行奉經是佛緣雅閑持犯克傳秘密學者爭歸律虎時人因爲義龍
權步津儀昭朗厯象天竺跋陀之妙沙門法顯之蹤道契生知理符神授既習空觀
遂得真如身常出塵心則離念持此以超彼不自利以利他不來相而來不見相
而見焚香以崇弘願鳴法鼓以召集有緣聲振兩河教被千里樹林水鳥竹篁
稱森斷結道緣爭味禪悅雖先生槐市夫子杏壇揚齋之徒未足爲喻於是廣度群

图 66・宝山・灵泉寺・唐玄林禅师神道碑・拓本

大留窟

大留窟在南峰北面中段，方约八尺，通称朱砂洞，内有两尊坐姿石像。与其他石窟凿岩造半身雕像不同，此窟石像皆全身像，非常珍奇。三尊石像乃释迦、弥陀与弥勒像，皆胸部饱满，有强壮感，且皆无莲座与胁侍。胸中皆有“卍”字，左右手皆朝外，上下分开，施无畏印（译者注：佛教手印之一，意为使众生心安，无所畏怖）与与愿印（译者注：佛教手印之一，代表给予众生福乐的慈愿）。合有头光与背光的光背（译者注：佛像、佛画及基督教圣人等身体发出的后光，可分为头光、背光），以莲瓣为中心，外围火焰中，西尊像刻化佛与天人，东尊像仅刻天人。中尊失光背。三尊俱失头部，后加修补。从衣纹看可知乃东魏时代营造，其高大身躯体现东魏的豪迈风格（图67、图68-1）。

大雄宝殿前某殿残壁嵌小碑，上刻“魏武定四年道凭法师造”。此或为本寺的创建时间，此窟亦可能为同时开凿。

入口左方刻“大留圣窟”四字（图68-2），字体与隋代大住圣窟相同，故可知此窟名乃隋代灵裕法师所起。灵裕将自己发愿所建的北峰石窟起名为大住圣窟，将此窟起名为大留圣窟，二者合称或有“留住正法”的寓意。（常盘大定 文）

图68-2・宝山・灵泉寺・大留窟・入口柱刻・拓本

图 67・宝山・灵泉寺・大留窟东方尊

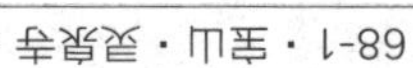

图 68-1・宝山・灵泉寺・大留窟西方尊

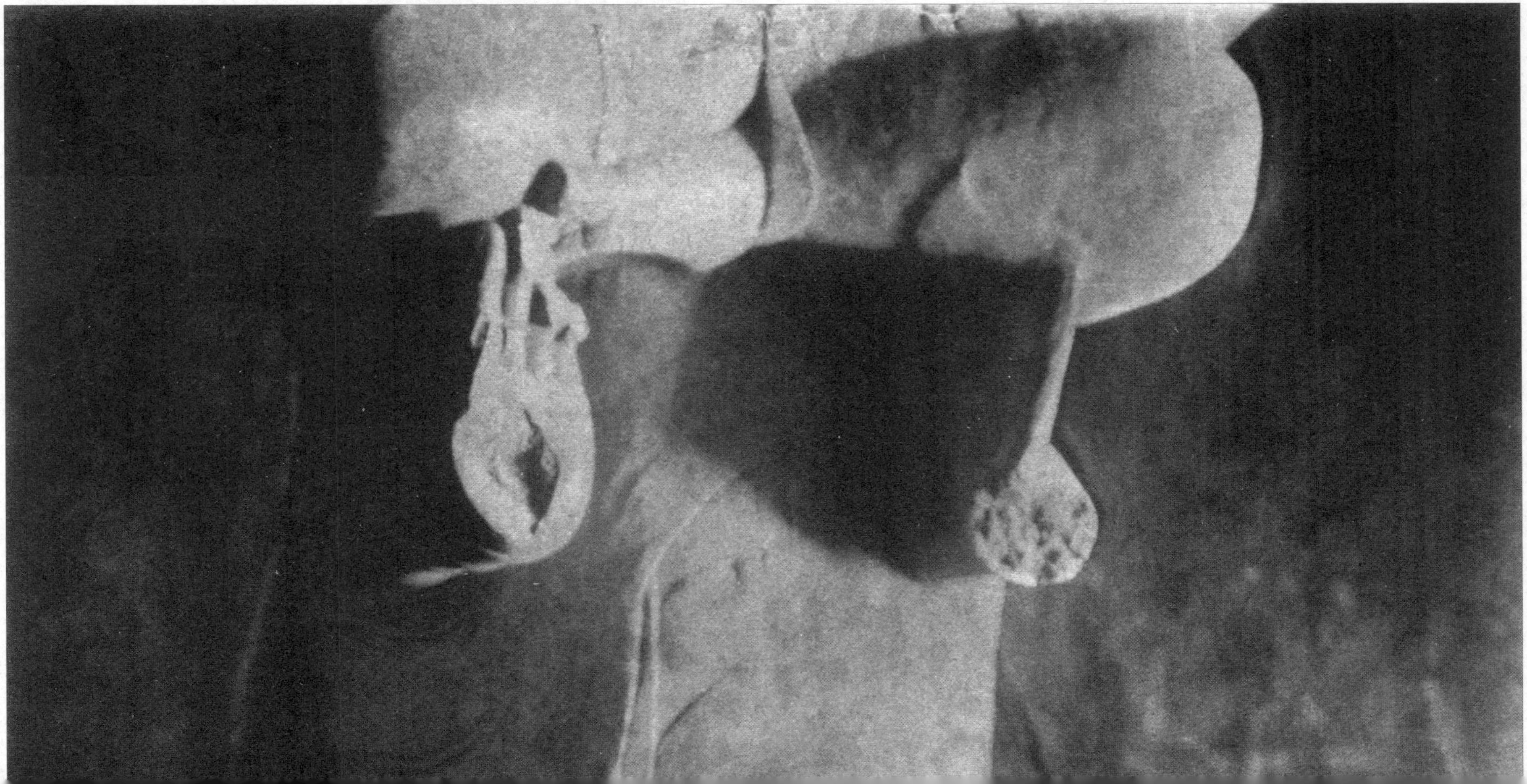

大住窟

大住窟位于北峰的南面中段，通称响堂洞，方一丈许，入口外壁、内壁皆刻有开凿年代、造像、工期的数字与数目。外壁刻字如下：

大住圣窟。大隋开皇九年己酉岁，敬造窟。用功一千六百廿四。像世尊用功九百。卢舍那世尊一龛。阿弥陀世尊一龛。弥勒世尊一龛。三十五佛世尊三十五龛。七佛世尊七龛。传法圣大法师廿四人。

由此可知，此窟乃隋开皇九年（589）造。窟中三面本尊是卢舍那、阿弥陀、弥勒，四隅小龛有三十五佛与七佛。不记造像者名，但据内外壁所刻诸经文与造像动机看，灵裕或拟以灵泉寺作为自身的终送地。《续高僧传》卷九"灵裕传"条有以下文字，可作证。

后于宝山，造石窟一所。名为金刚性力住持那罗延窟，面别镌法灭之相。山幽林竦，言切事彰。每春游山之僧皆往寻其文理，读者莫不嘘唏而持操矣。其遗迹感人如此。

此记载中提到金刚性力住持那罗延窟，大住圣窟之名应出自此。若确实如此，则有以那罗延天（译者注：古印度神祇。意译生本、人生本。又作坚固力士、那罗天）的金刚性力住持佛法之意。

石窟入口外壁右方刻迦毗罗神王像（译者注：释迦牟尼之父净饭王，又名首图驮那，为迦毗罗卫城推选出来的执政官，是一位刹帝利王）（图70），左方刻那罗延神王像（图69），上部刻"欢三宝偈"与《法华经》之"寿量品自我偈"。迦毗罗神王像右方刻《胜鬘经》之"一乘章如来赞叹文"，在右方削去的岩壁中，上部造有许多小龛，其上下刻《大集经》之"月藏分·法灭尽品"、《涅槃经》之"雪山童子舍身求法无常偈"、《法华经》之"分别功德品"、五十三佛名、廿五佛名、十方佛名。那罗延神王像左方上壁刻阿弥陀三尊佛。其中包含对佛陀的坚定信念与对法灭尽的深深悲叹。归依阿弥陀，乃慧光、道凭、灵裕师弟心中持有的愿众生安乐的信仰的表现。

入口内壁右方刻《大集经》之"月岁分"之"五五百年"（译者注：如来出世正、像、末法之年数）文与《摩诃摩耶经》文，左方刻传法圣师二十四祖像。

可以说正因有那罗延神王像，此窟方被命名为金刚性力住持那罗延窟，且那罗延窟其名乃基于《大集经》之"月藏分第十二·建立塔寺品第十九"所举"过去诸佛如来之所建立住持大塔"之名，如慈窟、那罗延窟、大德窟、青郁茂窟等。《大集经》认为，此类石窟乃菩萨摩诃萨加护之地，为供养梵天、帝释、四天王等之所。那罗延窟之名，于《华严经》之"菩萨住处品"中亦记作"震旦国菩萨住处"。又，迦毗罗神王之名亦恐基于以下认识。《大集经》之"月藏分第十二分布阎浮提品"（译者注：据查，以下话语出自"大方等大集月藏经卷第九·分布阎浮提品第十七"，而不是"第十二"）曰："付嘱毗首羯磨天子、毗罗夜叉大将、法护夜叉大将等皆共护持震旦国土。悉令休息一切触恼斗诤怨仇忿竞交战等，以久住法眼，绍三宝种不断绝故。天子夜叉等誓言，我等共护震旦国土。"由此足见灵裕刻二神王像之意旨。

二神王皆以戎装护身，戴天冠，一手执剑，一手立三叉鉾。迦毗罗神王佩胸甲，内饰三鬼面，膝盖着胫甲，内饰象面，踏驴背。那罗延神王于戎装外罩袍，踏牛背。颜面俱写实，长髯飘逸宛若老将军。雕刻虽不精巧，但手法严谨统一，气势雄伟，不失为杰作。此二神王像如此安置之法乃此处独有，犹为值得注意。面相、体躯俱悠长，内藏威武之气而不显于外，反映当时对天部的观念，与日本法隆寺金堂四天王像与玉虫厨子扉绘二天王像可谓有异曲同工之妙，不带有后世所见的愤怒面相与跃动身姿。（常盘大定 文）

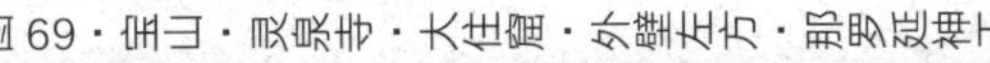

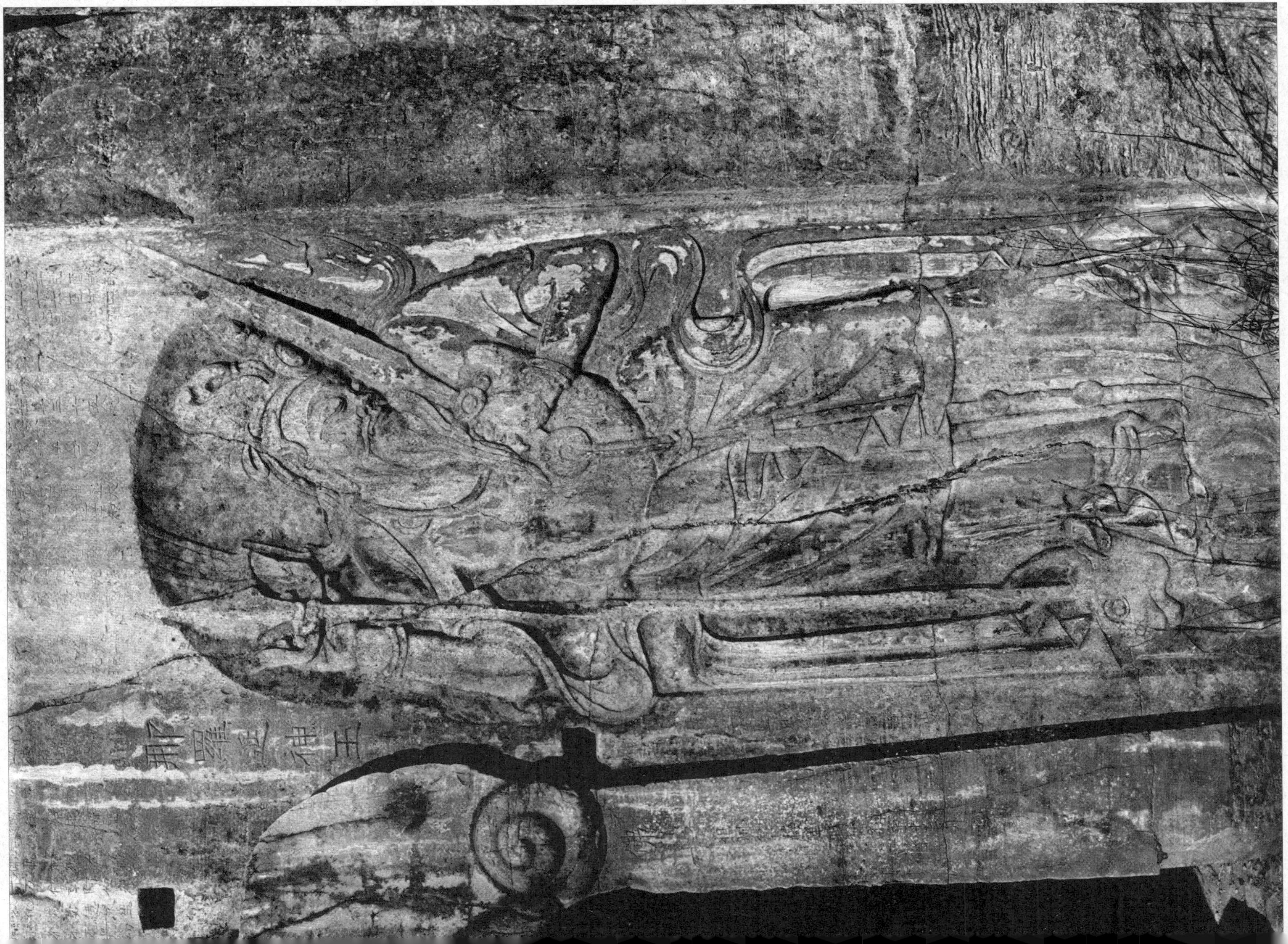

图 69 · 宝山 · 灵泉寺 · 大住窟 · 外壁左方 · 那罗延神王

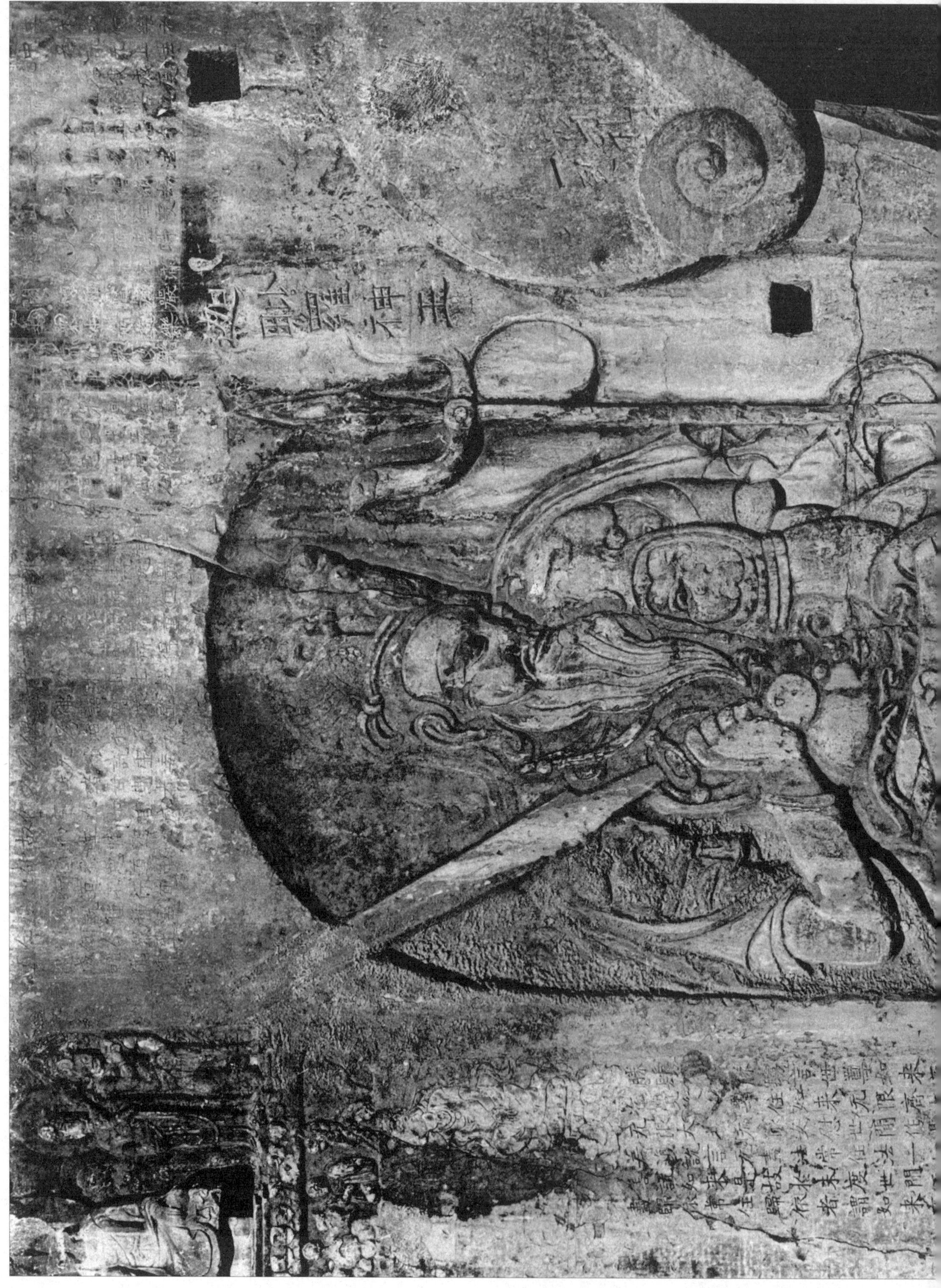

图 70・宝山・灵泉寺・大住窟・外壁右方・迦毗罗神王

窟内佛像

窟内北、东、西三面造有本尊坐像与两胁侍立像。北壁以卢舍那佛坐像为本尊，并刻右胁侍菩萨立像与左胁侍罗汉立像（图72，图73-1）。西壁以阿弥陀佛坐像为本尊，左右刻菩萨立像（图73-2，图74）。东壁以弥勒坐像为本尊，刻右胁侍菩萨立像与左胁侍罗汉立像（图75-1、图75-2）。卢舍那与阿弥陀皆右手执衣角，弥勒执莲花。其手法遒劲但颇简单朴素。胁侍皆直立，或合手，或持莲花，但并不精巧。光背唯有圆头光，无任何雕饰。去魏雕之雄伟而未有唐雕之优雅闲适，乃因其处于六朝至唐代过渡时期所致。

卢舍那佛衣纹上刻天人、凡人与饿鬼。匠心独运，他处未见。其意应表达救济万物。

四隅造有柱形，其上刻七佛与三十五佛小坐像。藻井中心刻莲花，四方刻飞天。飞天姿态有可观之处。

图73-1·宝山·灵泉寺·大住窟·北壁·左胁侍罗汉

图73-2·宝山·灵泉寺·大住窟·西壁·阿弥陀佛三尊

图 72 · 宝山 · 灵泉寺 · 大住窟 · 北壁 · 卢舍那佛龛与三十五佛

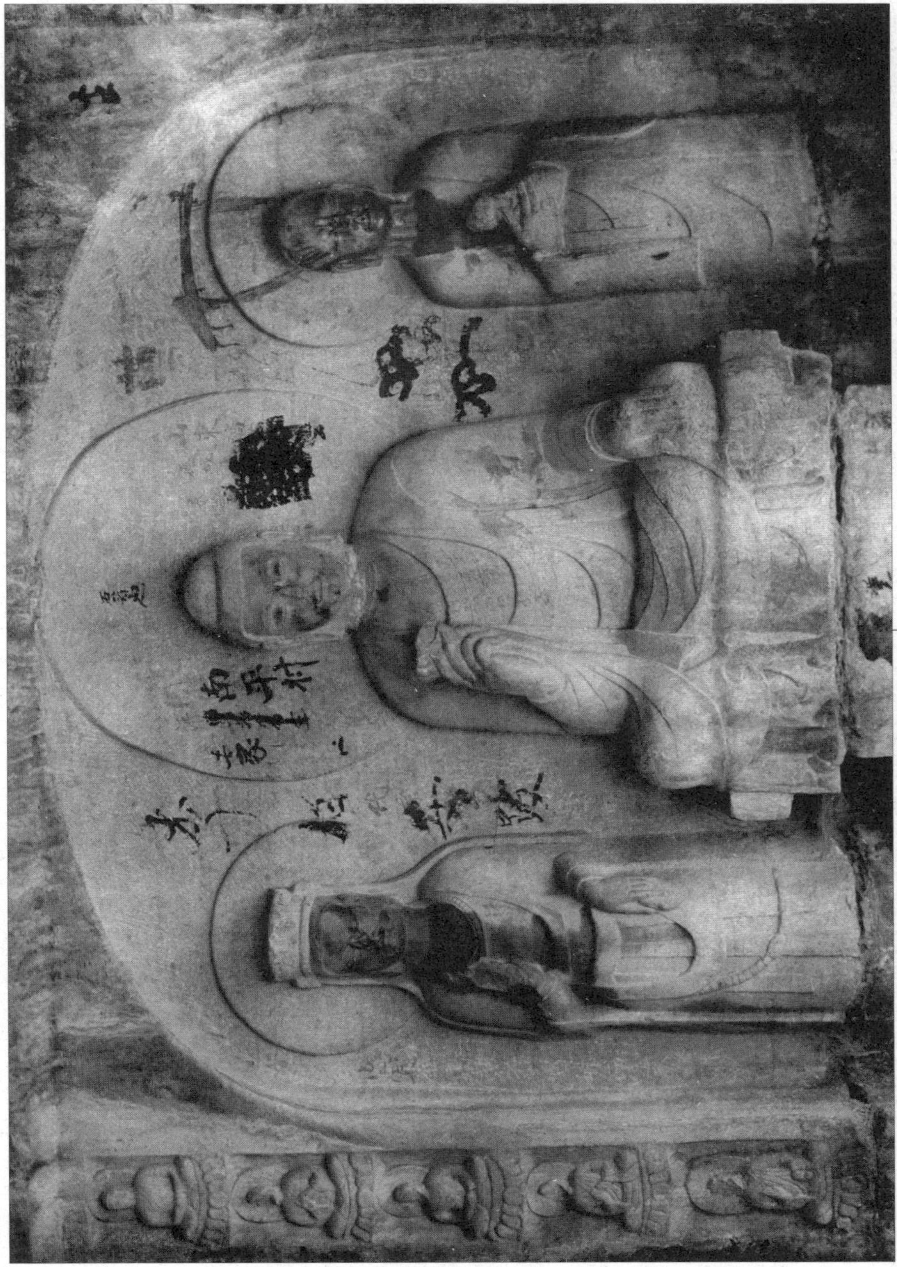

图 75-1 · 宝山 · 灵泉寺 · 大住窟 · 东壁 · 弥勒佛三尊龛

图 74 · 宝山 · 灵泉寺 · 大住窟 · 西壁 · 阿弥陀佛左胁侍菩萨与三十五佛

图 75-2 · 宝山 · 灵泉寺 · 大住窟 · 东壁 · 弥勒佛

内壁刻像刻经

进入石窟，入口内壁右方刻有《大集经》“月藏分”之“五五百年”与《摩诃摩耶经》中的文字，左方刻世尊传法圣师二十四祖像，连通两壁之细窄上壁刻有《法华经》偈与开凿年代、造像、工期等数字与数目。此类经文多是用于记载乃造窟的意旨。

据另辑所揭《三阶教徒法藏碑》铭，可知在当时，佛灭度后已过一千五百年，正进入末法时期，这样的时代观念正不断冲击着隋代佛教界。

灵裕之师道凭的道友、身在邺都的法上，在回答高句丽大丞相王高德就佛灭度年代与佛法东渐以来的变迁问题时说：“灭度以来，至今齐代武平七年丙申，凡经一千四百六十五年。”此乃当时邺都所知的佛灭度年代。按此年代计算，隋大业七年（611）恰好相当于佛灭度后一千五百年。如今再讨论此年代之当否已无必要。当时佛灭度后已过一千五百年、正进入第四个五百年之经说，给佛教界以强烈冲击。《三阶教徒法藏碑》有以下记载：

自佛般入涅槃，于今千五百年矣。圣人不见，正法陵夷。即有善华月法师，乐见离车菩萨，愍兹绝纽。并演三阶。其教未行，咸遭弑戮。有随信行禅师，与在世造舟为梁，大开普敬认恶之宗，将药破病之说，撰成数十余卷，名曰《三阶集录》。

就正法为五百年或一千年，像法为五百年或一千年此事虽无定论，但并读法上的佛灭度年代说与《法藏碑》的一千五百年说则不难想见，邺都（相州）的佛教界正为如今已过一千五百年，即将进入末法时代而悲不自胜。灵裕最先关注此“五五百年”经说。信行（译者注：隋代名僧，又称三阶禅师，为三阶教之祖）亦为之激发，于开皇元年（581）召入京师后倡三阶教，全因欲以此比拟末法相应的佛教。信行比灵裕年轻二十二岁，四十二岁前一直居相州，可察其思想当受灵裕的影响。而周武帝的毁佛事件（574—578）实加深了末法信念。此时最刺激佛教徒者，乃此毁佛事件仅八年前，即北齐天统二年（566）由那连提耶舍（译者注：北天竺乌场国人，于北齐天保七年至中国）新译的《大集经》中“五五百年”之预言。信行、灵裕、道绰、善导等皆以此预言为指导原则。据此预言，有人说当时佛灭度后过一千五百年，进入多造坚固塔寺的时代。灵裕倾注心血营造宝山寺、开凿此石窟的意图正在于此。道宣在《续高僧传》中说“面别镌法灭之相”，但其不刻相，而刻法灭之经文。从道宣所记“每春游山之僧，皆往寻其文理，读者莫不嘘唏而持操也”可知，凝聚灵裕精神的此类经文感动教徒至何种程度。灵裕撰《灭法集》与《寺破报应记》，护法热情迸发，使此窟得以成功营造。中国有许多石窟，但再无像此石窟这般以学德为背景且造像动机明确的了。此石窟规模不大，但在石窟史上占有重要地位，其理由正在这里。

世尊去世传法圣师像

在大住圣窟入口内壁左方（图71-1）。《传法二十四祖》（译者注：原文如此，无此书名，疑为《付法藏因缘传》）乃魏昙曜所译，系《付法僧传》（译者注：查无此书，疑为《付法藏因缘传》）所说的列祖。昙曜在北魏毁佛期间，隐居云岗石窟寺，译此《付法僧传》，意在使法藏长存此世。北周毁佛后，灵裕刻此列祖名于自身开凿的石窟内，亦意在使法藏永续。由此可察，昙曜，特别是灵裕之意图，在于继列祖之后永远护持法藏。二十四祖名（译者注：世尊去世传法圣师）如下：

第一，摩诃迦叶。魔羯国婆罗门。尼拘律陀子。

第二，阿难。迦维罗卫国。斛饭王子。

第三，摩田提。罽（编者注：疑为“罽”）宾国人。

第四，商那和修。王舍城人。

第五，优波毱多。摩突罗国。毱多之子。

第六，提多迦。摩突罗国。大长者子。

第七，弥遮迦。

第八，佛陀难提。

第九，佛陀密多。

第十，胁比丘。胁不着席，在胎六十年。生即发白。

第十一，富那奢。

第十二，马鸣菩萨。

第十三，比罗。化在南天竺，造无我论。

第十四，龙树菩萨。南天梵志种。生在树下。回龙克道。

第十五，迦那提娑菩萨。南天梵种。与神眼，遂无一目。

第十六，罗喉罗。

第十七，僧迦难提。

第十八，僧迦耶舍。

第十九，鸠摩罗驮。

第二十，阇夜多。持戒第一。名最后律师。

第二十一，婆修槃陀。善解一切修多罗义。

第二十二，摩奴罗、善解三藏义。

第二十三，鹤勒那夜舍。

第二十四，师子比丘。于罽（编者注：疑为“罽”）宾国，大作佛事，为王所绝。

图 71-1・宝山・灵泉寺・大住窟・南壁左方・刻像・拓本

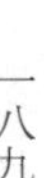

《大集经》之“月藏分”

大住圣窟内壁西侧刻有《大集经》“月藏分”之经文与《摩诃摩耶经》文(图71-2)。《大集经》经文乃《大方等·大集经》第五十五卷所收“月藏分第十二分阎浮提品第十七卷”中经文，系高(北)齐那连提耶舍翻译。当时经佛灭度一千五百年，即将进入末法，此经的翻译受其许多影响。灵裕系最早着眼于此经说之人。据此经所说，眼下之五百年非“解脱坚固”，非“禅定坚固”，亦非“读经多闻坚固”，而实乃“多造塔寺得住坚固”时期。这恐怕也是灵裕营造灵泉寺、开凿大住窟之宗旨所在。灵裕刻《法华》《涅槃》《摩耶》《大集》等经碑文，于第一著揭此文(译者注:原文如此，费解。恐为“于最后一碑揭此文”之误)，包含最多寓意。灵裕一语道破，在那末法二千五百年后的宗教界，在无佛宝、无缘觉、无罗汉、无圣众、无得定凡夫、无净持戒者，亦无污戒的时代，以破戒为名之比丘依然应得世之福田，此无疑对有心之佛教徒而言是一大激励。

道宣所记“别镌法藏之相。山幽林竦，言切事彰，每春游山之僧。皆往寻其文理，读者莫不嘘唏而持操矣”的法灭之相，定是指与此末法法灭有关的经说。

《摩诃摩耶经》

又名《佛升忉利为母说法》，萧（南）齐时代昙景翻译，以下引文在经卷（上）篇首部分。引用此文的意旨应在于指出摩诃摩耶的五道轮转悉为自身心意使然。摩诃摩耶曾自责其心：“汝常何故作非利益，所可缘虑皆非吉祥，恒弃身命不可称载。而我神识初不增减，须臾令我退为虾蟆，须臾令我作贫贱人，须臾令我作大富长者。须臾令我在天宫殿，须臾令我居止地狱。”此番话语颇能打动人心。灵裕应是由此而知戒除心意与解脱之要。

图 71-2 · 宝山 · 灵泉寺 · 大住窟 · 南壁右方 · 刻经 · 拓本

外壁刻经

灵裕特意刻《法华经》之"寿量品自我偈"于此，乃欲表达自身对佛陀的真挚态度（图76）。偈中所说的释迦，乃常在灵鹫山的法身。世间凡夫看佛时常生娇恣之心，流于放纵，故显示灭度。释迦为使彼等生信仰心，一心向佛，乃至不惜生命，故出而说法度生。灭与不灭，乃佛因方便（译者注：佛家有"四力"，即自力、他力、因力、方便力；世间之人，于现世中亲近善友知识，闻其善巧方便说法，遂发菩提之心，是名方便力）而现。此常在佛陀世界，在"我此土安稳，天人常充满"之处。灵裕刻窟内中尊为卢舍那世尊，其原因不外乎其乃《法华经》所说常在灵鹫山的法身佛，因而祈求该常住之力用永远能加被（译者注：佛学术语，指诸佛如来以慈悲心加护众生）众生。

刻《大集经》之"月藏分法灭尽品"的意图，当可见于以下引文："今以此法甘露味，付嘱夜叉令护持""正法久住于世间""广持正法令久住""炽然久住事希有""告令护持佛正法"（图77-1）。灵裕命名此窟为大住，意在法灭尽后，使夜叉护持，使法久住。此大住名恐出自此经。

所刻《涅槃经》乃"雪山童子舍身求法"故事，以四句偈为本，分为"相对四偈"与"交络十二偈"（图77-2）。所谓的"相对四偈"是指诸行无常、诸行无乐、诸行无我、诸行无净与涅槃四德的常、乐、我、净（译者注：常者是法身义，乐者是涅槃义，我者即是佛义，净者是法义）相对。所谓的"交络十二偈"是指以涅槃的乐、我、净相对于诸行无常的三偈，以涅槃的常、乐、我相对于诸行无乐的三偈（译者注：原文漏写"以涅槃的常、乐、我相对于诸行无乐的三偈"，此部分乃译者补出），以涅槃的乐、我、净相对于诸行无我的三偈，以涅槃的常、乐、我相对于诸行无净的三偈。从此四偈、十二偈可知灵裕尽力弘法，亦可见当时佛教界对研讨圣典何等留意之一斑。

《胜鬘经》碑引"一乘章"中文字："如来无限齐，大悲亦无限齐。安慰世间，无限大悲无限安慰世间。作是说者，是名善说如来。若复说言，无尽法、常住法、一切世间之所归依者，亦名善说如来。是故于未度世间、无依世间与后际等，作无尽归依、常住归依者，谓如来应等正觉也。"这可能最终成为了灵裕的佛教观（图77-3）。

碑引《法华经》之"分别功德品"中的文字，意在说明"闻佛寿命长远如是，乃至能生一念信解，所得功德，无有限量。若有善男子善女人……行五波罗蜜""以是功德比前功德，百分、千分、百千万亿分不及其一，乃至算数譬喻所不能知"，而且"若善男子善女人，闻我说寿命长远，深心信解，则为见佛常在耆阇崛山，共大菩萨、诸声闻众、围绕说法"（图77-4）。

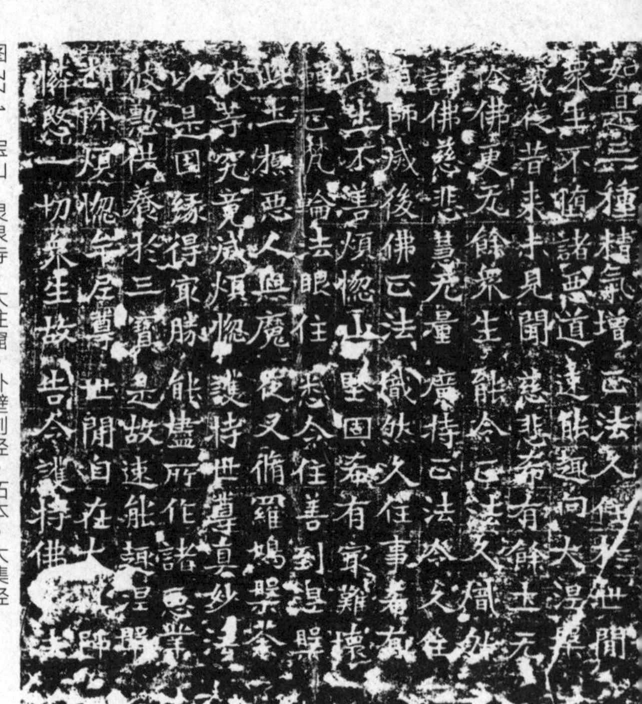

图77-1·宝山·灵泉寺·大住窟·外壁刻经·拓本·大集经

图 76・宝山・灵泉寺・大住窟・外壁刻字・拓本

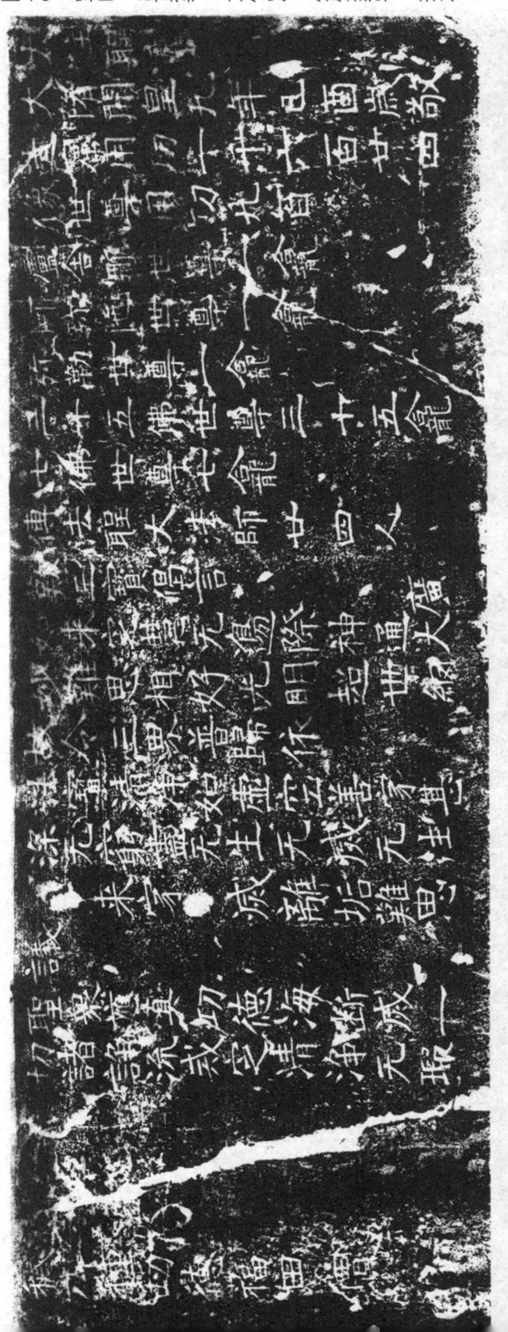

图 77-2・宝山・灵泉寺・大住窟・外壁刻经・拓本・涅槃经

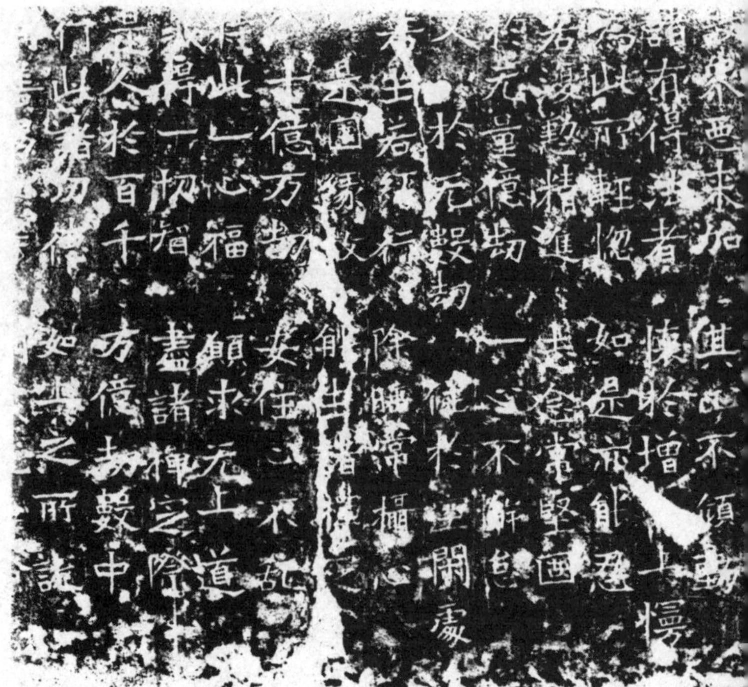

图 77-3・宝山・灵泉寺・大住窟・外壁刻经・拓本・胜鬘经

图 77-4・宝山・灵泉寺・大住窟・外壁刻经・拓本・法华经

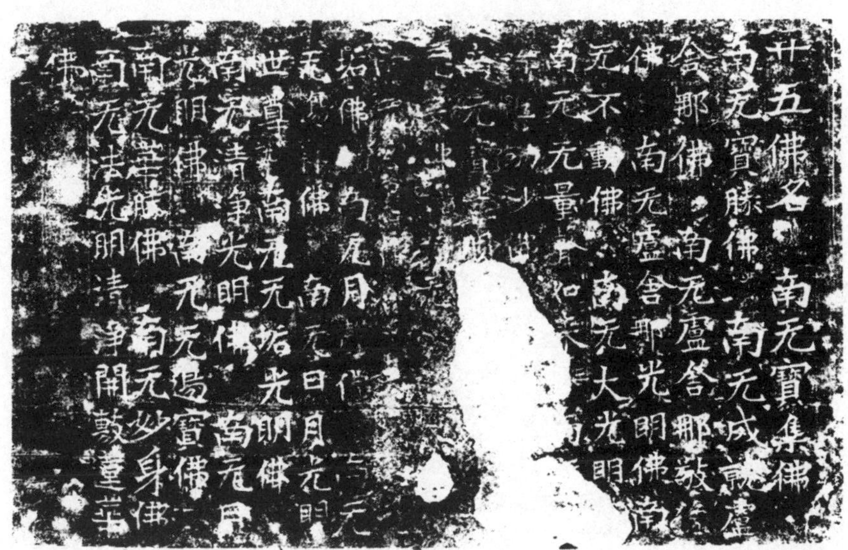

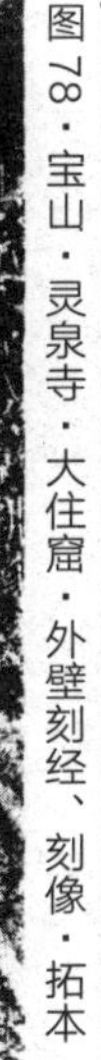

图 78・宝山・灵泉寺・大住窟・外壁刻经、刻像・拓本

佛名

灵裕在大住圣窟内除刻卢舍那、阿弥陀、弥勒三尊像外，还造了三十五佛与七佛，而且在外壁还刻普光佛等五十三佛名、东方须弥登光明佛等十方佛名、宝集佛等二十五佛名。另外，还在自身灰身塔上刻东方善德如来等十方佛名。又在外壁所刻忏悔文前列举此类佛名，表达虔诚的归依敬仰心情。以上列举之诸佛应为灵裕心中所存的全部之佛。可惜起首部分已剥蚀，所剩者仅有□□七佛、普光□五十□佛、东方善德如来十□等一切诸佛、拘那提如来贤劫千佛、释迦牟尼如来卅□佛、十方无量佛、过现未来十方三世一切诸佛。

对照此类诸佛，可以想见灵裕欲归依者应有以下七类佛：

（一）释迦牟尼如来等三十五佛，出自《决定毗尼经》。

（二）毗婆尸如来等过去七佛，出自《佛说佛名经》。

（三）普光佛等五十三佛，出自《观药王药上二菩萨经》。

（四）东方须弥登光明佛等十方佛，出自《观药王药上二菩萨经》。

以上四佛出自《观虚空藏菩萨经》

（五）东方善德如来等十方佛，出自《观佛三昧经》之“十住毗婆沙论易行品”。

（六）拘那提如来等贤劫千佛。

（七）宝集佛等二十五佛，出自《佛说佛名经》。

此类佛名与七阶佛名完全一致，而后者则适应于隋代新佛教三阶教普佛普法的说辞。矢吹（译者注:日本宗教学家和社会事业家）博士于日本大正十五年（1926）十月期《思想》杂志发表过有关三阶教的论文，说七阶佛名的前六阶明白无误，但最后一阶不明，故认为二十五佛之说仅为推测。然而从前述材料判断，此推测并无不当。信行与灵裕，视“五五百年”末法观之重要与“普敬”七阶佛名完全一致并非偶然。信行于东魏兴和三年（541）生于魏郡，在相州法藏寺舍具足戒（译者注:比丘、比丘尼受持的戒律），亲执劳役四十年，隋开皇元年（581）应召入京，时年四十二岁。相州乃慧光、道凭、法上、灵裕等多位大师扩张教化之处，且上述各人皆比信行僧腊（译者注:僧尼受戒后的年岁）长。信行比道凭小五十二岁，比法上小四十五岁，比灵裕小二十二岁。灵裕营造宝山寺有赖于齐安东王娄睿的倾囊相助，故其最倾心于此地。石窟建成于开皇九年（589），而信行于开皇十四年（594）年五十五寂于长安，故灵裕不会受到此时信行的影响。毋宁说普佛敬礼的信念乃灵裕、信行自身所有，在信行于开皇元年（581）入京之前灵裕受其影响。

三十五佛

刻于大住窟内（图74）。所谓三十五佛，见于西晋竺法护所译（?）《决定毗尼经》。该经曰：“若菩萨犯五无间罪，……即应向三十五佛，昼夜独处，殷重悔除。”“忏悔之法乃归依三宝”，并将三十五佛名列举于后。次述忏悔文（图78右中）。《乌波离所问经》的佛名与此相同，仅译语有所不同。其末尾说五天竺修行大乘人常于六时（译者注:指昼夜六时，即晨朝、日中、日没、初夜、中夜、后夜）恭礼不缺。

过去七佛

广泛见于诸经。北魏菩提流支于胡相国秦太上文宣公府第译出《佛说佛名经》（十二卷）之第八卷曰，佛为舍利弗说完二十五佛名后又应舍利弗之请，说过去七佛之姓名与寿命长短。灵裕于大住窟内刻过去七佛七龛，此当为凭依此经。

十方佛名

东方须弥登光明佛等十方佛名，亦出自刘宋畺良耶舍译《观药王药上二菩萨经》。尔时，药王菩萨摩诃萨，说是咒已，白佛言：“闻此咒者，诵此咒者，持此咒者，净诸业障……命欲终时，十方诸佛，皆悉来迎，随意往生他方净国。”佛赞赏此，如是十方诸佛，异口同音，赞叹药王、药上二菩萨言。

五十三佛名

出自刘宋畺良耶舍译《观药王药上二菩萨经》，与“三劫三千缘起”有关。尔时释迦牟尼佛告大众言：“我往昔无数劫时，于妙光佛末法之中，出家学道，听闻此五十三佛名，心生欢喜，复教他人令得闻持。他人闻已，展转相教，乃至三千人。此三千人异口同音，称诸佛名，一心敬礼。如是敬礼诸佛因缘功德力故，即得超越无数亿劫生死之罪。初千人者，华光佛为首，下至毗舍浮佛，于庄严劫得成为佛，过去千佛是也。中千人者，拘留孙佛为首，下至楼至佛，于贤劫中，次第成佛。后千人者，日光佛为首，下至须弥相佛，于星宿劫中，当得成佛。佛告宝积，十方现在诸佛，善德如来等，亦曾得闻是五十三佛名故。于十方面，各皆成佛。若有众生欲得除灭四重禁罪，欲得忏悔五逆十恶。欲得除灭无根谤法极重之罪，当勤礼敬五十三佛名号。”由此可知有此“缘起”方列五十三佛名，并足见灵裕刻五十三佛名之意。

佛名中前四十三佛名，壁刻与“缘起”基本相同，仅以下三字有异。

降伏诸魔王佛——“缘起”“诸”作“众”

慧幡胜王佛——“缘起”“幡”作“幢”

世静光佛——“缘起”“光”作“净”

然而，宝才德佛及以下九佛名则完全不同。明本《缩印大藏经》顺序如下：须摩那华光佛、优昙钵罗花殊胜王佛、大慧力王佛、阿閦毗欢喜光佛、无量音声王佛、才光佛、金海光佛、山海慧自在通王佛、大通光佛、一切法常满王佛。宝山壁刻乃按隋以前佛经所刻，故可奉从该壁刻。宝才德佛等十佛名，与前述三十五佛名中的后十佛名相同。

二十五佛

名出自北魏菩提流支于胡相国秦太上文宣公府第译出的《佛说佛名经》（十二卷）之第八卷。说是舍利弗见十方三世无量诸佛，未发菩提心，愧之，故请佛广说十方所有诸佛名号。佛因此说出此二十五佛名，并说：“若四部众净洗浴，着新净衣，净治室内，铺设高座，安置佛像，挂二十五枚幡，供养种种花香，念诵二十五佛，日夜六时忏悔，满二十五日，可灭四重八禁等罪。”

十方佛名

灵裕法师灰身塔所刻《灵裕传》末尾空白处的“十方佛名”与前述有异，始于东方善德如来（图81）。此“十方佛名”见于东晋德佛陀跋陀罗译《观佛三昧海经》卷十“念十方佛品”与姚秦鸠摩罗什译《十住毗婆娑论》卷五“易行品”。《观佛三昧海经》说，佛灭度后诸弟子行念佛三昧，初仅知麁相（译者注：大致的轮廓），但之后自然便知无量妙相。《易行品》说：“如是诸世尊今现在十方。若人欲疾至不退转地者，应以恭敬心执持称名号。”《国清百录》卷一“敬礼法”下所见“十方佛名”亦同，故可知其普及程度。《国清百录》乃据龙树《毗婆沙》而作。

忏悔文

西晋竺法护译（？）《决定毗尼经》说：“若菩萨犯五无间罪……即应向三十五佛，昼夜独处，殷重悔除。”并列举三十五佛名，次述忏悔文。此窟刻文缺前半部。缺文中想必列有二十五佛与十方佛。

刻文自“如是等一切世界，诸佛世尊，常住在世。是□世尊，从当慈念”至“修行菩提”，与《决定毗尼经》完全相同。其后的刻文已剥蚀，但想必有以下字句：“所有善根，及无上智，所有善根，一切合集，校记筹量，皆悉迴向阿耨多罗三貌三菩提。”（常盘大定 文）

历代诸法师灰身塔

灵泉寺南北二峰皆以石窟为中心，于其前后左右刻众多灰身塔。灰身塔刻于凿平的岩壁上，塔身刻佛像。塔的左右或仅右侧，或刻人名，或刻年号与人名。或于塔外刻传记。塔的大小、文字的多少各有不同。塔在北峰有三十多座，南峰有二十多座，其中可判读文字者，北峰约十八座，南峰约十三座。通观此类塔，所记年号由隋至唐，人物则网罗僧、尼、俗士、信女等。寺院之多，涉及灵泉、慈润、报恩、大云、愿力、光天、圣道、清行等。其中光天、圣道、清行三寺乃尼寺。有人认为，宝山乃附近诸寺共同墓地之所在，因道凭、灵裕、慧休等高德大僧相继生活于此。于众多灰身塔中，与他塔截然不同的是北峰的灵裕塔与南峰的慧休塔，皆刻有传记。可惜未见道凭灰身塔。僧尼墓塔种类形制繁多，但最常见的，乃如宝山所见，其塔形皆刻于凿平的岩壁，塔身又刻佛像。此类灰身塔仅见于宝山，恐其出自灵裕的创意，他塔皆沿袭其形制。

南北二峰所有墓塔中能判读文字的有许多，如：

可确知寺名的有：

灵泉寺　灵裕法师　　　　大业元年（605）

灵泉寺　大德智法师　　　　长安三年（703）

灵泉寺　元藏

慈润寺　大智迥论师　　　　贞观十六年（642）

慈润寺　大慧休法师灰身塔　贞观二十一年（647）

慈润寺　大法珍法师　　　　永徽元年（650）

慈润寺　道云法师　　　　永徽二年（651）

慈润寺　大明韵律师

报恩寺　大海云法师

大云寺　大德灵□法师影塔

愿力寺　瞻法师影塔　　　　天授二年（691）

光天寺　大比丘尼僧顺禅师　贞观十四年（640）

光天寺　大比丘尼妙德法师　显庆三年（658）

光天寺　大都维那正信法师　显庆三年（658）

光天寺　大比丘尼普相法师

圣道寺　大比丘尼大信法师　显庆三年（658）

圣道寺　大比丘尼僧憨法师　庆显三年（677）

清行寺　大苾刍尼智辩

不可知寺名的有：

比丘慈明　开皇十四年（594）

故静证法师碎身塔　开皇十四年（594）

故大融法师枝提塔 开皇十八年（598）

比丘道寂愿生安乐灰身塔 仁寿元年（601）

故慧静法师灵塔 贞观十五年（641）

故清信女大申优娑夷 贞观十八年（644）

大云法师 贞观十九年（645）

禅师静感 贞观二十年（646）

故大上座慧登法师 永徽五年（654）

唐故方律师

故大僧堪法师

故人居士曹罗什塔

大都维那慧云法师

用语有灰身塔、碎身塔、影塔、灵塔、枝提塔等之分，但方法皆不外乎凿出壁面，刻出塔形。据其左右所刻传记可知，给佛教史带来光明的高僧当不在少数。

慈润寺慧休法师灰身塔

慧休法师于前述概说部分已有介绍。贞观二十年（646）圆寂，弟子灵范等于贞观二十一年（647）建塔。此塔左右刻慧休传（图 83-1）。

慈润寺故大慧休法师灰身塔。贞观二十一年四□八日弟子灵范等敬造

图 83-1・宝山・灵泉寺・历代法师灰身塔铭・拓本・慧休法师

图 79-1・宝山・灵泉寺・九层石塔

慈润寺慧静法师塔铭

铭曰，贞观十五年（641）弟子法演自画图形建塔，且记其盛德。慧静法师乃河东闻喜（译者注:今山东省运城市闻喜县）人，姓裴，年十四发志出家，涉猎三藏奥典十二博文，尤精通《十地论》。至隋末“伪教陵夷”时，法师舍其学，修功德，造一堂藏写经一藏，于功将告成之际终至不起，时值贞观十五年（641）。渠乃又一归隐学者。铭记有宝山建塔的图形（图 83-2）。

图 83-2·宝山·灵泉寺·历代法师灰身塔铭·拓本·慧静法师

灵泉寺主智法师塔铭

长安三年(703)建于宝山，有铭记(图83-3)。法师姓王，邺城人。年七岁随大慈寺起法师出家，年十二剃度，随灵泉寺昙源学毗昙(译者注:"阿毗昙"之略称，三藏中"论藏"的总名)，随慈润寺智种论师学《中论》，精通此二论与《维摩》《金刚》等三经，并努力发扬光大之。年六十八入寂。门人有大云寺的玄□玄果、灵泉寺的玄□玄□等。据铭文，塔内所刻石像乃弥勒像，以此比拟法师的侍奉对象。主智法师亦乃归隐学者。铭文中将"年"作"季"，将"圣"作"𨲢"，将"月"作"㋊"或"匝"，将"载"作"𡕀"。皆武后新字。其弟子名皆有"玄"字，颇具特色。玄林禅师或为法师弟子。

图83-3・宝山・灵泉寺・历代法师灰身塔铭・拓本・智法师

愿力寺瞻法师塔铭

大周天授二年(691)撰(图83-4)。据铭文,法师名神瞻,安阳相州人,俗姓邵。父名琰,乃晋州神山县尉,但有才学,可日诵万言。瞻法师生于文武兼备的家庭,继承父辈秉性,可日诵五千言,并擅属文,善谈吐,具才识。然既以九经三史(译者注:九经三史,泛指中国古代典籍)为糟粕之余词,膻腥之陋业,故于年二十一出家,从毗昙宗学者学《中论》,驰骤二乘,包罗三藏,遂至可讲《四分律》《维摩》《金刚》《天王》《仁王》诸经与《中论》《毗昙》诸论,惠及二十年之法益于相州。讲诵之余,著有《正像住持同异论》一卷、《浮图澄法师碑文》一篇、《修定琬寺主碑文》一篇。垂拱二年(668)年四十一入寂。众多弟子于相州城西五十里宝山造塔刻像。渠亦可谓归隐学者。碑文中"日"作"㊐","初"做"𤯔","年"作"𠦚","正"作"𠙺","月"作"㊊","天"作"𠀑","授"作"𥠉",皆武后新字。(常盘大定 文)

图 83-4 · 宝山灵泉寺历代法师灰身塔铭拓本 · 瞻法师

河南彰德

天宁寺 | 大塔

天宁寺在彰德府城中，俗称大寺（图84）。嘉靖三十七年（1558）《睿制重修天宁寺塔碑》记："邺有天宁寺，创于隋仁寿初年。"或说乃后周广顺二年（952）创建。元明时代重修，乃明代河北最大伽蓝。洪武元年（1368）于此设"僧纲"。寺庙建筑颇多，于此无法一一列举。大雄殿之释迦、药师、弥陀三尊头戴喇嘛教式样宝冠，释迦涂绀色（深蓝色），药师涂白色，弥陀涂绿色。殿内左右前三面安放禅家三十六祖巨像。三十六祖即西天二十七祖（译者注：疑为"西天二十八祖"，乃印度佛教之二十八位递相传承的祖师）、东土六祖（译者注：禅宗自印度之菩提达摩东来中土后，衣钵相传凡六世）与南岳怀让（译者注：禅宗六祖慧能弟子，唐代高僧）、青原行思（译者注：唐代著名禅师，与菏泽神会、南阳慧忠、永嘉玄觉、南岳怀让并列为六祖慧能大师坐下的五大弟子）、马祖道一（译者注：禅宗主要宗派洪州宗的祖师）此三祖。除并称为六祖惠能两大弟子的南岳怀让、青原行思外，还列出马祖道一名，意在暗示法系。住持一职由临济宗派一脉相传。（常盘大定 文）

寺中最珍贵者乃大塔。八角五层，一层高，二层开始变矮。一般的塔身皆层层缩小，而此塔则层层变大，呈奇异轮廓。一层的一面长十七尺九寸三分，四面皆设入口，各隅皆有格子窗。入口上方有半圆拱，拱面刻双龙（图85-1）。门扉阳刻云龙纹。入口与格子窗上壁浮雕佛传图案。各隅柱阳刻云龙。悉砖造。各层斗拱皆穿斗，但一层与二层斗拱制法与他层有异。塔檐乃木造二重椽，塔盖铺葺碧釉瓦。一层为砖造，壁面有富丽图案雕刻。二层及以上涂油漆。塔顶有喇嘛教式宝塔。嘉靖三十七年（1558）《睿制重修天宁寺塔碑》云，寺建于隋代，但未提重建年代。从形制看或为金元时代重建，明清时代又屡次重修。照片为关野贞拍摄。（关野贞 文）

图 84 · 大寺(天宁寺)塔

圖 85-1・大寺(天宁寺)塔・细部

定国寺 | 石碑

寺在府城东北十七里韩陵山。今府城在古邺西南，有恒水相隔，故曾位于邺都西南的定国寺便在府城东北。北齐时代（550—577）高欢为纪念战胜尔朱容（译者注:北魏末年将领、权臣）建此寺。当时此寺为慧光弟子道慎的居所。道慎从慧光学《地论》，从慧光弟子法上学《涅槃》，宣帝时任“国统”。隋代灵裕在此建九层宝塔，但今不存。唐初灵裕弟子道昂住此寺，学《华岩》《地论》，祈祷安乐往生。由此可见，自北齐经隋而唐初有许多高僧住此，但如今该寺遗物不存，门外仅存一明碑（图85-2）。日本大正十一年（1922）常盘大定拍摄此图。（常盘大定 文）

图 85-2 • 定国寺 • 门外石碑

大魏义井铭碑

文记其在“京邺苌逵之傍”“乡连周邦，境接魏域”，乃“京魏殊绝”。可知碑在北邺都附近，南接河南（图86）。又据碑文，有笃居士廉冒，为国营造群仙形象两千余躯，并四处建桥梁，挖义井。如率乡邦三十人来京邺苌逵旁白公川内挖义井，济路人之渴，润含生（译者注：一切有生命者，多指人类）万物，但于“京魏殊绝”真颜未现之前即辞世。其子天长，继父遗志，终完成之。此碑即为颂扬此事迹而建。碑铭又有“灵容百寂，

迈绝群方”“隋变现身”等字句，可知该造像颇可观。从碑文对率乡邦三十人挖义井之事迹的大书特书与“井功以就”的赞文看，可以想见凿井工程之巨大。其实造像实为彰显此井功。虽说造像乃仙像，但实为佛像。读碑铭“后为群生共登菩提”“舍卫之初开，罗阅演教”“如来应感，金颜重辉”，即可知此推断不虚。（常盘大定 文）

图 86 · 大魏义井铭碑 · 拓本

河南北响堂山

NORTHERN XIANGTANG MOUNTAIN OF HENAN PROVINCE

河北南响堂山

SOUTHERN XIANGTANG MOUNTAIN OF HENAN PROVINCE

SONGSHAN MOUNTAIN OF HENAN PROVINCE
GONGXIAN COUNTY OF HENAN PROVINCE
YANSHI CITY OF HENAN PROVINCE
SISHUI TOWNSHIP OF HENAN PROVINCE

ZHENGZHOU CITY OF HENAN PROVINCE
MIXIAN COUNTY OF HENAN PROVINCE
LUOYANG CITY OF HENAN PROVINCE
KAIFENG CITY OF HENAN PROVINCE

BAOSHAN MOUNTAIN OF HENAN PROVINCE
ZHANGDE COUNTY OF HENAN PROVINCE

NORTHERN XIANGTANG MOUNTAIN
OF HENAN PROVINCE
SOUTHERN XIANGTANG MOUNTAIN
OF HEBEI PROVINCE

河南北响堂山

响堂山有南北两处。南响堂山在磁州以西四十五里的彭城镇，属河北省。北响堂山在南响堂山西北三十五里的武安县义井里，属河南省。皆有北齐时代开凿的石窟。北山规模宏大，南山富于变化。民国元年（1912）以后破坏严重，但如今犹可见当年雕刻技法，可谓北齐时代艺术代表作。尤其北山窟壁所刻佛经乃鸿篇巨制，在佛教文化史上值得大书特书。此石窟尚未为世人知晓，著者常盘大定于日本大正十一年（1922）十一月首次造访之。

常乐寺

北山在磁州西北八十里的河南省武安县义井里（图87-1）。寺名为常乐寺，寺后的鼓山山腰有石窟（图87-2）。

常乐寺今已颓圮，仅剩大雄殿、天王殿与方丈室。大雄殿亦荒废至极，门扉常开，为风雨侵蚀。尽管石柱巨大，但三尊塑像无人管理，任其破损。

殿前有许多石碑，除金代的一个以外，其余皆为明清制品。前庭左右有尊胜陀罗尼幢，右方尊胜幢为宋乾德三年（965）所建（图88），左方尊胜幢为宋建隆三年（962）所建（图89-1）。

刻陀罗尼的幢身上部有两层，皆刻佛像。左幢上层遗失。俱高一丈七八尺左右。右幢幢身为八角形，在莲座与台基上。幢身上部八角盖，各面皆刻帷幕与悬花纹。二层、三层幢身亦八角形。各面皆刻佛龛。二层上有方盖，三层上有盖，模拟葺八角瓦。顶部有莲座，但失火珠。整体于比例上有些一味追求高大险峻，但营造技巧颇可观。

门外大砖塔为八角九层塔，塔径层层递减，第一层、第三层、第五层、第七层、第九层塔檐用三跳拱手法，其余各层塔檐不用斗拱，仅用数层雀替，故各层繁简交错，不感单调，富于变化，引人入胜（图89-2）。又，各层壁面或造窗牖，或砌塔形，意趣各自不同，无与伦比。但因此失于统一，且整体轮廓多少有生硬之弊，令人扼腕。此塔或为宋代建筑。如今第一层壁间嵌有八小碑，其一记嘉靖年间（1522—1566）重修，其余因太高无法看清字迹。

《续高僧传》之“第二十六明芬传（下）”曰“仁寿下敕，令置塔于慈州之石窟寺”，叙说当时各州所感瑞应。《广弘明集》第十七、隋安德王雄百官等的庆舍利感应表云：“仁寿二年正月二十三日复分布舍利于五十一州，建立灵塔。”此五十一州中即有慈州（译者注：原语存疑，慈州在今山西省吉县，而磁州隶属于今河北省邯郸市。虽都有石窟，但此“慈州”非彼“磁州”）。由此可知，此大塔与隋代建舍利

图87-1·北响堂山常乐寺·全景

塔有关。

寺院初建于北齐时代。天王殿后，与大雄殿相向而立者有以下石碑：

磁州武安县鼓山常乐寺重修大士佛殿记。大金正隆四年本院受业讲论沙门福源立石。

碑中记有北齐创建之事。其他两三明碑亦说乃北齐时代创建。著者造访时发现方丈室有民国七年（1917）的募化启簿，其篇首写道：

东魏主，因太后多病，创寺召僧，广修善事。魏大丞相渤海王高欢，建避暑宫于山之麓，欢子高澄，葬父于佛顶焉。北齐文宣帝时，见无数圣僧，隐显出没，遂开三石窟，勒诸佛像。初名石窟寺，天统间改智力寺，宋嘉祐间更名常乐寺。世乱兵兴，顿遭焚毁。金尚书胡砺，登眺游览，起意补修。自皇统八年至天德二年，工始告竣。……石窟三堂佛像，忽于民国元年冬月，遭权势恶劫，致使大小佛像，无一不身手离异。……

文中的高欢乃齐高祖神武皇帝。高澄乃其长子、世宗文襄皇帝。文宣帝乃其次子显祖，名高洋。《北齐书》中“葬于邺西北漳水西”，即指高澄葬父欢于佛顶之事。文宣帝下诏开凿石窟三处，勒诸佛像，即指该寺初建之事。初号石窟寺，至天统年间（565—569）改名为智力寺。碑文第一处省略部分一直谈及“至宋”，但未涉及此前自天统（565—569）至武平（570—576）年间刻经一事，亦未涉及隋唐时代修补情况，令人惋惜。改名为常乐寺乃宋嘉祐年间（1056—1063）之事。其后又遭兵燹，至金代方得尚书胡砺修补，天王殿后正隆碑记此次修补因缘。至明代有更多修补。至清，因知县陈灏修纂县志，得以流芳千古。但至民国元年，却遭权势恶劫，大小佛像无一不身首异处，惨不忍睹。南北两山佛像皆遭破坏，无以为甚，即此次劫难所致。著者造访时大殿前庭堆放有新刻的石像头部，作修补用。

磁州邻近古都邺城，以滏阳名闻名。文宣帝尊信甚笃的僧稠旧址，即在武安县古定晋院。僧稠住持的邺城西南龙山云门寺此一石窟大寺，恐即文宣帝下诏开凿的鼓山石窟寺。继而道凭游历漳滏之间；法上扬名于伊滏之间，寂于漳岸合水寺；慧可寂于邺都，葬于滏阳。北朝隆盛期间，磁州文化相当发达，故自然有此佛教艺术。据说文宣帝归信僧稠后，分国储为国用、自用，以及三宝之用，使佛教一时繁荣昌盛，亦为此类石窟开凿的原因之一。石窟寺名见于唐道

图 87-2・北响堂山・石窟・全景

宣《续高僧传》第二十五卷齐相州鼓山释道丰传、齐邺下大庄严寺释圆通传第二十六卷、隋京师大兴善寺明芬传。道丰在鼓山，与齐高是好友，曾用针治愈石窟寺一坐禅僧的失心病。圆通早先住邺都大庄严寺，但武平五年（574）夏“以石窟山寺僧住者希，遂减庄严、定国、兴圣、总持等官寺，百余僧为一番”，故圆通亦移居石窟寺。由此可知武平四年（573）以前石窟寺名颇为人所知。圆通住石窟寺前刻经大业已开始，遗憾的是《续高僧传》未言及此事。又，《明芬传》（下）记载广泛，如：圆通乃相州人，耶舍三藏的高足；仁寿年间下敕置舍利塔于石窟寺；寺乃齐文宣帝所建；大窟刻像背后为文宣帝陵墓，其中雕刻惊骇人鬼；置舍利塔时出现奇瑞，当时识者相传，恐因石窟与鼓山紧密相连，故竹林仙圣与之响应。从此记载可知，石窟寺大塔实与隋舍利塔建立有关，石窟雕刻在当时已闻名于世。尽管鼓山为齐王室陵墓所在，并于天统年间（565—569）有智力寺之称，但石窟寺仍为通称。

北响堂山石窟群有北齐开凿的三大窟、四小窟与四小龛。在此姑且命名如下：

第一窟　大业洞　隋

第二窟　刻经洞　北齐

第三窟　释迦洞　北齐　二小龛。A（唐）B（明?）

第四窟　大佛洞　北齐　二小龛。C（宋）D（明）

第五窟　依像洞　唐

第六窟　二佛洞　隋？

第七窟　嘉靖洞　明

自北齐始有隋刻、唐刻、宋刻、明刻与现代修补。此石窟有其他石窟所未见之各时代雕刻。尤其宋明时代刻像甚为罕见，故此窟弥足珍贵。（常盘大定 文）

图 88・北响堂山・常乐寺・大殿与右方石幢

图 89-1・北响堂山・常乐寺・左方石幢

图 89-2 · 北响堂山 · 常乐寺 · 门外大砖塔

第一窟　大业洞

“大业洞”位于北响堂山最东端，即刻经洞的左方，规模较小。洞深六尺四寸，广五尺七寸。正面右方上部有弥陀三尊龛（图90），其上有隋大业七年（611）之铭刻，故姑且以此命名。龛左右立八角柱，柱顶刻莲花，以承莲花拱两端的蕨手。莲花拱中刻火焰与两飞天捧香炉的图案，非常珍奇。龛内刻三尊佛，下部中央浮雕香炉，左右浮雕两狮子，充分显示隋代的特征。面对的石窟左壁有释迦三尊龛。

洞内尚有许多小龛，但多剥蚀，失去当年风貌。

第一窟入口壁碑乃唐万岁通天二年（679）行相州滏阳县尉耿观撰，会福、智力二寺僧检校，刻于天然岩石上。据碑文可知，朝议郎谢几综、希俊、朝散郎李光、登仕郎九□□、给事郎李玄泰、通直郎赵□□等官人随从某君王，登此云表尘外的碧磴梵室，题下四铭。铭文中有“兜率何遥，耆阇斯在”之语，乃赞颂石窟佛像。文中“月”作“㞃”，“日”作“㆓”，“地”作“埊”，“天”作“而”，皆武后新字（图107-1）。因缺前文，故不知此时君王为谁。

内壁有碑刻，作云气蟠龙纹，优雅可观（图91-1）。

（常盘大定 文）

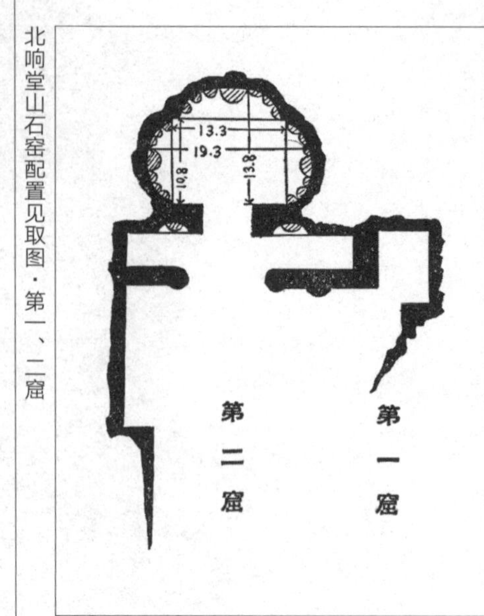

北响堂山石窑配置见取图·第一、二窟

图90-2·北响堂山·第一窟·北壁·刻铭拓本

图 91-1・北响堂山・第一窟・壁碑侧面刻纹・拓本

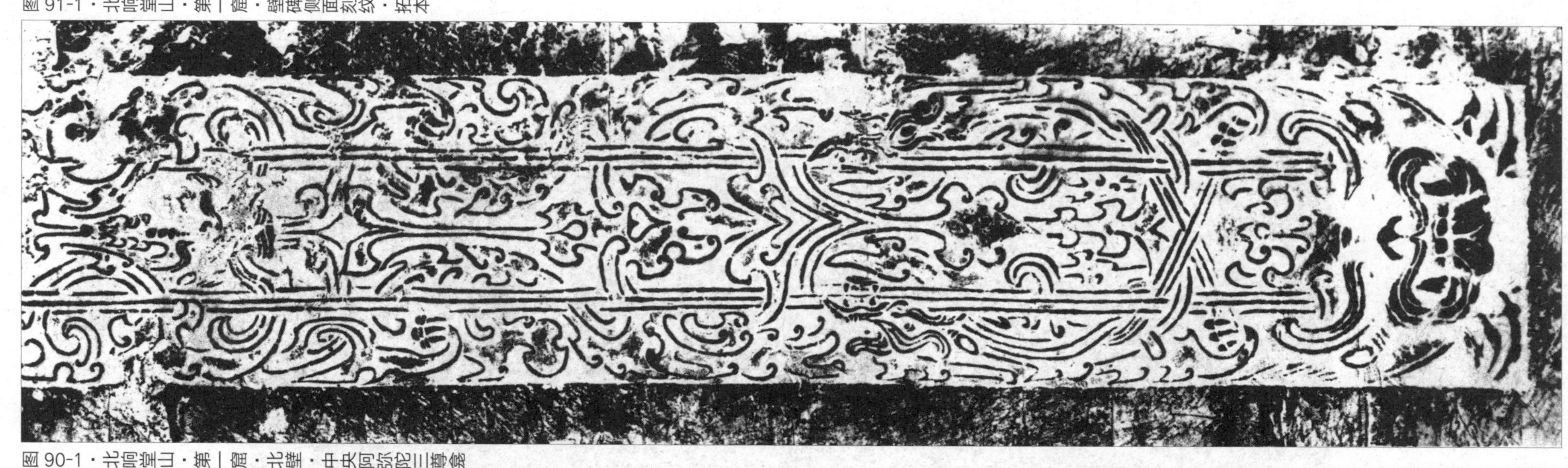

图 90-1・北响堂山・第一窟・北壁・中央阿弥陀三尊龛

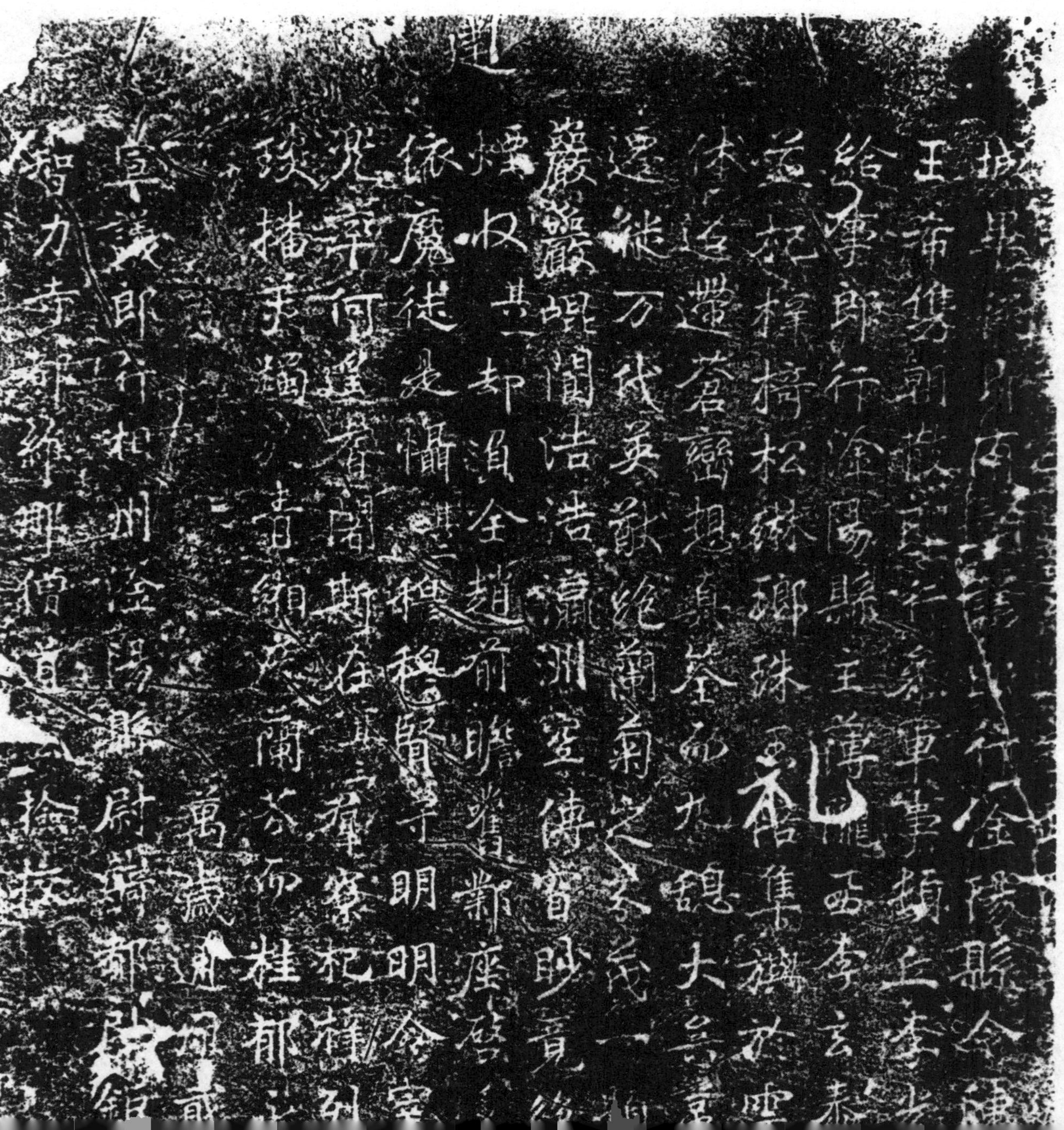

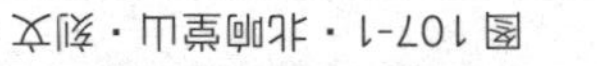

图 107-1・北响堂山・刻文・拓本・第一篇

第二窟　刻经洞

此洞高广皆二十三尺三寸，深十五尺八寸。三面皆造深三尺的坛，俱以坐像为本尊，旁有二罗汉、四菩萨侍立，三面各自有七尊。

正面中央本尊坐佛高七尺，左右两手张开，结施无畏、与愿二印。右方罗汉合掌，左方罗汉持钵。四菩萨皆戴宝冠，左手或右手持某物。七尊背光皆为圆重光，内圆绕莲花，外圆绕宝花纹。

七尊上方刻小坐佛列像（图96、图97）。

左右两侧七尊亦大致相同。坐像高五尺九寸，为本尊。其左右有罗汉、二菩萨。罗汉与菩萨间的胁侍，虽非菩萨外形，但明显并非罗汉，故推之为菩萨。上方小坐佛列像，亦与正面壁坐佛列像相同（图98、图99-1）。（常盘大定 文）

此类佛菩萨像，或在方座上，或在莲座上，面相端庄，但姿势多少有些僵硬。衣纹线条遒劲，衣襟褶皱颇具雄健之风。背光皆二重圆光，中央绕宝相花，颇有富丽堂皇之感。三面本尊皆后世重修，颈部绕有铁管。（关野贞 文）

藻井以莲花为主，四周有散莲花纹。

入口右方内壁广三尺四寸，刻《无量义经》文（图92-1）。

入口广六尺九寸。拱门两侧刻莲花，中央刻忍冬纹。其雄劲富丽之气象他处未见（图91-2）。

拱门左右中央有唐龙朔二年（662）铭文，上刻有造阿弥陀像、弥勒像各一尊之缘由，但具体为何像不明（图107-2）。洞内造像必为北齐时代作品，故唐代以上铭文必指该窟之外造像。

拱门左右或曾立有金刚力士，但如今右方缺失，仅存左方金刚力士。高一丈许，仅能辨别其形状。

窟外一处壁面左右削平，光滑如镜，三面皆刻《维摩经》。原语存疑。慈州在今山西省吉县，而磁州隶属于今河北省邯郸市。虽都有石窟，但此“慈州”非彼“磁州”。

另有一处外壁磨平，左右分刻世亲菩萨造（译者注：也叫婆薮盘头菩萨造，简称世亲菩萨）《无量寿经优波提舍》开篇偈文。刻经之多，为他处所未见。据著者所知，此论偈雕刻乃世上唯一一处。说明在北齐时代，世亲的《净土论》已于北方流行。其首倡者乃魏朝的昙鸾。

又磨一处外部壁面，使之光滑，刻《弥勒成佛经》，并于最高处与佛龛下刻《刻经发愿文》。乃北齐时代作品。此做法起源于特进、骠骑大将军唐邕发愿将一代经书（译者注：参见《晋昌郡开国公唐邕写经记碑》）勒于名山。唐邕此宏愿不知实施至何种程度，因发此愿四年后北齐就灭亡了，故可想象该大业恐亦就此止步。但即使止步，发出刻一代经书于名山之宏愿，并得到

某种程度之实施，此在中国文化史上亦为一大事件，故北齐时代与唐邕之名皆应大书特书。京兆房山石经对其有啧啧赞叹之声。鼓山此石经实乃此类石经之先驱。而让唐邕为此大业发愿，并使其付诸实施的无名高僧乃何人？遗憾的是吾未能得到证据，但或为大象二年（580）寂于漳岸合水寺的法上大统（译者注：当时国家层级的佛教职务，下有州统、郡统、县统等）。法上于天保年间（550—559）位居国家“十人沙门统”中的首位，乃高僧大德，据传文宣帝情愿将自己的头发垂地，让法上用脚踩踏。

图 96・北响堂山・第二窟・北壁・七尊

图 97・北响堂山・第二窟・北壁・左胁侍罗汉与左胁侍菩萨

图 98 · 北响堂山 · 第二窟 · 西壁 · 左胁侍罗汉与左胁侍菩萨

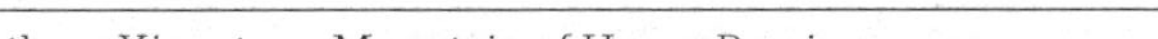

图 99-1 · 北响堂山 · 第二窟 · 东壁 · 七尊

图92-1・北响堂山・第二窟・南壁刻经・拓本

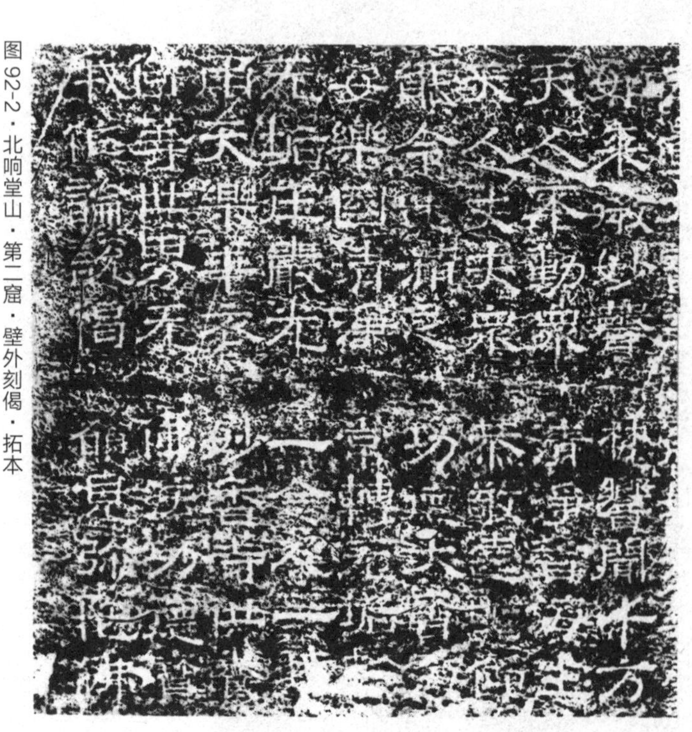

图92-2・北响堂山・第二窟・壁外刻偈・拓本

图 91-2・北响堂山・第二窟・拱门刻纹・拓本

竊以語柄椎
極宗滅無為
之境因空言
空則邈矣千
之男蔣王
内人劉媚兒
崔磨吉等敬
想神儀造脩
來果於此山
亦造彌勒像
一鋪上答

竊以法身無
像像應無邊
實體非形形
周萬品但以
殊徒受化淨
穢斯分寶剎
翹心求希安
樂者也蔣
王内人安太
清敬造阿彌

图 107-2・北响堂山・刻文・拓本・第二窟门柱

唐邕刻经及其发愿文

鼓山(北响堂山)第二窟内外壁刻经文,外壁刻经末尾有唐邕发愿文即《唐邕写经碑》文(图93、图94、图95)。此发愿文于文字、文章、史实、形式方面皆不同凡响。自武平三年(572)至著者常盘大定造访时的日本大正十年(1921),虽经历一千三百五十年风霜,且无任何遮蔽,暴露于自然的风雨之中,但基本保存完整。唐邕乃得北齐文宣帝知遇的高官,曾与文宣帝一道登童子寺,眺望并州城。时人说并州城乃金城汤池,但文宣帝答,"我谓唐邕是金城,此城非也"。此事见于《北齐书》。文宣帝死后,大宁(561)以降,国帑(译者注:国家的公款)甚为吃紧,唐邕有救国之大功。此刻经于文宣帝驾崩十年后开始。从发愿文可知,此时唐邕已担任特进、骠骑大将军、开府仪同三司、尚书令、并州大中正食、司州濮阳郡干、长安县开国侯、晋昌郡开国公的重任。而且从"眷言法宝,是所归依"此句,可推断当时唐邕奉佛信念甚笃。"以为缣缃有坏,简策非久,金牒难求,皮纸易灭",是指刻经文于石窟的动机。"一音所说,尽勒名山",是指发出宏愿,将藏经全部刻于名山。而在此鼓山石窟仅刻写《维摩诘经》《胜鬘经》《孛经》《弥勒成佛经》。其工程自天统四年(568)三月开始至武平三年(572)五月,共四年零三个月。以此类方法刻经,于鼓山之外是否存在不得而知,但即便仅此一处,在中国文明史上亦为一大事件。况且此碑文不为金石家注意,无人问津直至今日,实在不可思议。泰山所刻经文乃《金刚经》,时间几乎相若,但目的可谓大相径庭。泰山刻经于天然溪床,而于鼓山,则先开凿石窟,磨平岩壁,使之光滑如镜,再刻经文,于工作量二者根本无法比较。约四十年之后的房山所刻石经想必受此鼓山刻经的影响,并改变以往的壁刻方法,采用碑板形式,进步极大。

发愿文又曰:"因善普被,愿力薰修。当使世界同于净土,皇基固于大地。"若非有伟大精神,则无法完成此伟业。北齐不幸于刻经后五年灭亡,其佛法全废,但"毗沙上度,敕众鬼而护持。大梵来游,领群神而□卫"的愿望却未落空。直至今日,石窟、石经仍保留完好,实为文明史上之幸事。

碑文未言及北魏毁佛,但一旦遭遇此等事,当长留于记忆之中,绝不忘却,以至于一百二十二年后于北齐能有此伟业。北魏毁佛,反而造就有魏一代在云岗、龙门两大石窟造像。而承接其后的北齐则一改造像的方式,致力于刻经,盖得其所。

《唐邕传》见于《北齐书》第四十。欧阳修《集古录》曰:"有武平五年(574)碑,记唐邕造佛像三万二千躯";唐法琳《辩证论》四曰:"唐邕光事五君,极荣人臣,众义庄严,于平阳建大宁国二寺。铸弥勒金像一躯,白石丈八像二躯,并造一切经三千卷。修治故像一万许躯。"《集古录》的记载或指响堂山造像,而刻经则于武平三年(572)完成。此年代自孝成帝皇建元年(560)至后主武平五年(574),延续十四年。之后四年北齐灭亡。其发愿文即《唐邕写经碑》文缘起如下:

奥若稽古,逖听风声。握神纪以应物,游灵教而至道者有矣。咸弘之在人,道不虚泄。然则轩从七圣,兰叶传文。舜共三公,芝泥观字。周朝关令,望东气而稽首。丘门弟子,向北斗而磬折。天书道记,可略言也。盖不出于九流,且未闻于三世。我大齐之君,区有义□□思。家传天帝之尊,世祚轮王之贵。一人示见,百辟应生。俯顺鼍龙,托迹云火。翠凤将宝幢共举,灵龟与法鼓俱震。万机兼十音之化,四门杂三乘之实。自迦叶结集,蔡愔游返。持诞之经,盛于兹日。龙宫斯尽,象载未胜。特进骠骑大将军、开府仪同三司、尚书令、并州大中正食、司州濮阳郡幹、长安县开国侯、晋昌郡开国公唐邕,挺固理时,生而为世,秉文继武。来处广堂,从扣而鸣,随病与药。待群方而似镜,应众务其如响。四海仰以弥高,千官挹而满腹。眷言法宝,是所归依。以为缣缃有坏,简策非久,金牒难求,皮纸易灭。于是发七处之印,开七宝之函,访莲华之书,命银钩之迹。一音所说,尽勒名山。于鼓山石窟之所,写维摩诘经一部、胜鬘经一部、孛经一部、弥勒成佛经一部,起天统四年三月一日,尽武平三年岁次壬辰五月二十八日。涧谷虚静,邑居闲旷。林疑极妙,草匹文柔,禽绕空中,兽依树下,水音发而觉道,风响动而悟物。戒行之徒允集,慧定之侣攸归。如日贯云,常转不息。□非恐畏,未苦风寒。石比夜光,非待萤雪。毗沙上度,敕众鬼而护持。大梵来游,领群神而□卫。因善普被,愿力薰修。当使世界同于净土,皇基固于大地。置六道于十山,沐四生于八□。乃及无边,皆取正觉。海收经籍,斯文必传。山从水火,此方无坏。垂宣兹义,乃作铭曰:

天文星象,人文书契,先圣后贤,道纔身世。惟皇建国,教通群艺。德实无为,化穷兼济。诸法为祖,诸经亦王。一文半偈,与物行藏。天纵上士,时应有方。群迷升极,至道津梁。杀青有缺,韦编有绝。一托贞坚,永垂昭晰。天神左右,天王护卫。书未仙游,字无飞灭。地遥常寂,山空避喧。承风觉道,海滞难论。水流可闻,日去无翻。乘滋誓愿,福地常存。

(常盘大定)

图 93 · 北响堂山 · 第二窟 · 外壁 · 唐邕刻经发愿文与三尊像

粤若稽古迹聽風聲摩神紀以應物遊靈
軒從七聖蘭葉傳文彝共三公芝涯觀字
磬折天書道記可略言也蓋不出於九流
思家傳天帝之尊世祚輪王之貴一人示
共靈龜與應鼓俱震萬機兼十華之化
之經盛於茲曰龍宮斯盡爲載未勝特進
任食司州灤陽郡幹長安縣開國食晉昌
來處廟堂從扣而鳴隨病與藥待群方而
滿願春言法寶是所歸依以爲縑細育壞
印開七寶之函訪蓮華之書命銀鉤之迹
詰經一部勝鬘經一部學經一部論勒成
歲次壬辰五月廿八日蹦合虛靜邑居開
音發而覺道風響動而暗物成行之徒允
畏未苦風寒而疲光非待營雲畊沙上
因普被願力熏循當使世界同於淨土
乃及無邊皆取正覺海收經籍斯文必傳
天文壘象人文書契先聖後賢道纔身世
若及祖諸經亦王一文半得與物行藏天
鐫皐編脊絕一託貞堅永垂昭晰天神左
寶避喧承風覺道海濟難論水流可闢曰

图 94・北响堂山・第二窟・外壁・唐邕刻经发愿文・拓本

图 95・北响堂山・第二窟・壁刻・维摩经・拓本

第三窟 | 释迦洞

石窟乃一大龛，刻一佛、二罗汉、二菩萨龛，拱门外左右刻二菩萨，再外刻二天王，共有九尊石像。此龛曾受劫掠，加上近代修补添彩，已失原来面目，实为可惜。

洞前上壁有四柱，仅留刻纹，供人遥想过去之美。四柱之间有三窗。窗上部与左右刻火焰纹。

再上壁有三狮，据推测狮上曾有尊像，但如今已无（图99-2）。

洞广二十五尺四寸，深二十二尺八寸，其中央作纵十二尺、横十六尺的方柱。方柱前作中尊坐佛、二罗汉、二菩萨，共五尊像。

中尊台座所刻仰莲、覆莲与中栏（译者注：原文如此，何意不详，疑误写）技法精妙，但佛像头部经近代修补，衣纹、头光、背光悉加彩，原貌受损（图100）。

左右两罗汉头部亦经修补。

两菩萨中，左者崩毁，不知所踪，右者虽破损严重，但尚可见当初雄壮的技法（图101-1）。方柱左右与洞壁左右两面有许多刻像，但皆后世作品。

拱门两侧的连珠纹、中央的忍冬纹与第一洞拱门相同。门外左右有菩萨立像。右方菩萨衣纹、璎珞有北齐艺术之妙趣，可惜缺头部，身体亦大部破损（图102）。左方菩萨面部半失。身体、光焰虽在，但大部剥蚀（图101-2）。

两菩萨外面有天部立像，但头部皆缺。恐为梵天、帝释。

第三洞由以上九尊构成。后人于其外部左右各作一小龛。姑且命名为A、B龛。右方小龛B有五尊二侍。左方小龛A有唐显庆四年（659）造释迦像一尊。显庆铭文有缺字，不可卒读（图107-3）。（常盘大定 文）

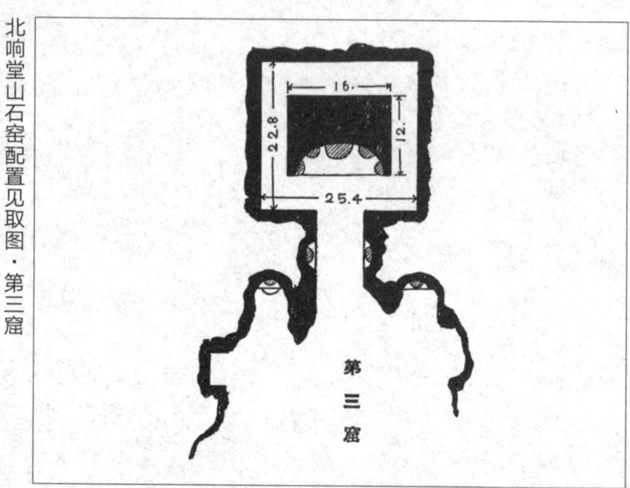

北响堂山石窟配置见取图·第三窟

图107-3·北响堂山·刻文·拓本·第三窟外小龛

图 99-2 · 北响堂山 · 第三窟 · 外观

图100・北响堂山・第三窟・正面・本尊

图 101-1 · 北响堂山 · 第三窟 · 中尊 · 右胁侍菩萨

图 101-2・北响堂山・第三窟・外壁菩萨

图 102・北响堂山・第三窟・外面・菩萨下半身与拱门纹样

第四窟　大佛洞

洞广三十九尺八寸，深三十七尺四寸，内部有纵二十三尺二寸、横二十三尺五寸的方柱，其前面与左右两面各造一佛、二菩萨，共三尊像。姑名之大佛洞，或三佛洞。后人又在外壁左右各开一小洞，姑称为C、D洞。

正面本尊坐像高一丈许，左右两手展开，结施无畏、与愿印。近世全身加彩，严重损坏其原本美观。而左右两菩萨遭破坏，失去原貌。但其背光皆有美丽忍冬纹。载有三尊的宝坛正面，中央刻博山炉，左右各刻二天王像，但面部悉遭破损。

方柱右方本尊呈半跏状，高一丈五尺许。右手结施无畏印，但缺四指，左手执衣端。左右二菩萨皆失头部。两侧柱刻树木，树上有帷幕，树下有怪兽。载有三尊的宝坛正面，中央刻博山炉，左右各刻狮子，狮子左右刻风神、树神。此大佛面相好，脸颊饱满，颈部无丰腴线条。衣纹褶线遒劲，无丝毫弛缓。光背圆光华丽，颇可观（图103）。

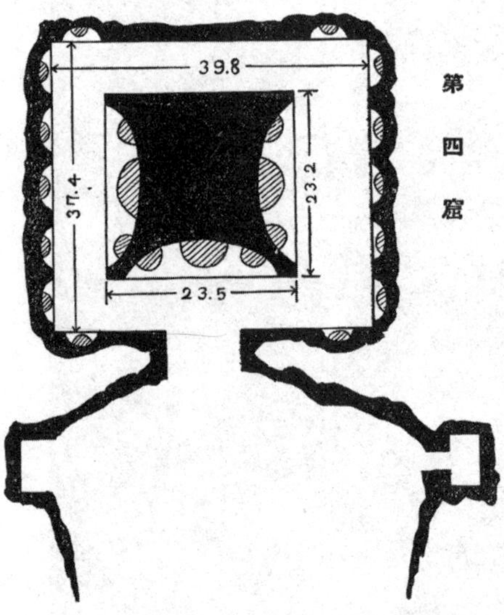

方柱左方本尊乃倚像，右手向外张开，左手执衣角。胁侍菩萨右方今无，左方失去头部。左侧柱的树木、帷幕、香炉同右柱。载有三尊的宝坛正面，中央刻博山炉，左右各刻狮子与明王。

本尊面相好，温文而雅，难以言说。菩萨的姿态、衣襞及两尊的圆光意趣，达到北齐艺术的顶峰（图104）。

洞内壁左右两面下方各有五龛，前后两面各有两龛，合计右方为七龛，左方为七龛。龛内佛像近代做修补，但仍有当时余韵。龛左右柱上方刻半月形拱、帷幕，柱脚刻奇兽。龛上刻莲花、火焰，再往上球盖顶刻莲花，如示三宝。雕刻瑰丽奇异，他处不可多见。右侧北壁三龛上方刻莲花，其上刻万佛，三段仅有二十躯许。再其上连刻Λ形，恐中途停工造成（图105）。

“大佛洞”外壁右方有明弘治十七年（1504）造的一小龛，姑称为D洞。龛内刻释迦及普贤、文殊二菩萨骑像，又刻梵天、帝释二天王。

外壁左方又有一小洞，姑称为C洞。刻坐佛及二罗汉、二菩萨。面对入口左右正面（译者注：原文如此，费解，疑为“左方正面”）有刻文：“维大宋康定二年辛巳岁四月八日新修七佛记(?)之耳”。宋明时代刻像中此类刻例少，弥足珍贵。（常盘大定 文）

北响堂山石窟配置见取图·第四窟

图 103 · 北响堂山 · 第四窟 · 中心柱 · 西方尊

图104・北响堂山・第四窟・中心柱・东方尊

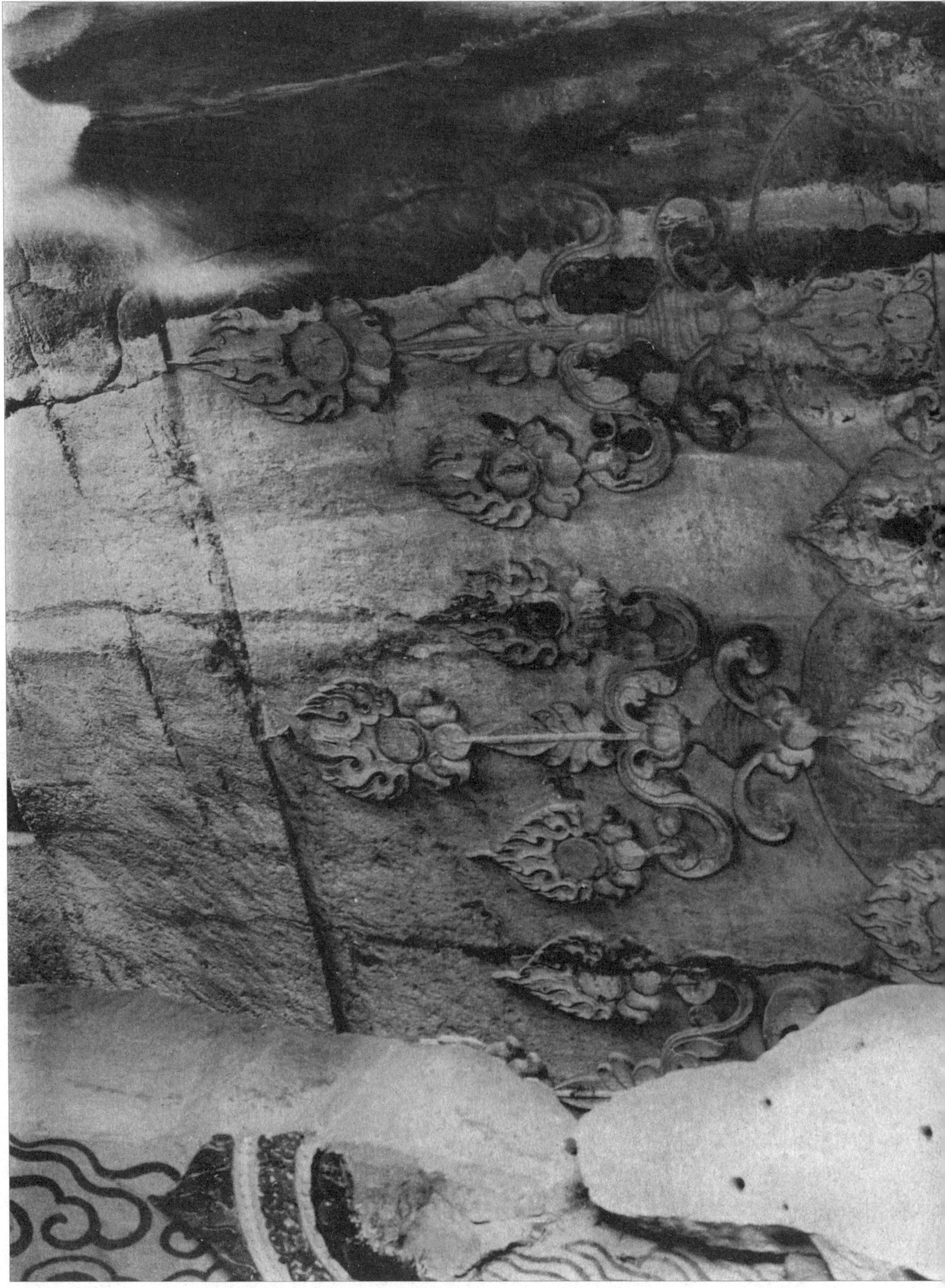

图105・北响堂山・第四窟・壁刻纹样与佛像

第五窟 依像洞

此洞在最西端，入口广十二尺，深十尺。正面造像有本尊倚像及两胁侍罗汉、两胁侍菩萨。倚像举右手，手掌向外张开，左手置膝上。右罗汉两手交叉于前，左手持数珠。左罗汉双手捧经典。

第五窟

10.

12

北响堂山石窟配置见取图·第五窟

胁侍头光仅为圆光，中尊圆光外作莲花状重光，重光上刻唐草纹。本尊下方有兽首，吐二茎莲花，以承本尊两足。罗汉、菩萨皆立莲座上（图106）。像乃唐代所造。

洞右壁释迦坐像居中，左右配罗汉立像。其右方刻骑狮的文殊，左方刻骑象的普贤。其左右另有力士立像。中尊上方有天盖，其左右有飞天。

洞左壁以释迦坐像为中心，左右配手持莲花的菩萨，再左右各配二坐像。中尊座下莲茎连接上述所有刻像。此外，坐佛上方又刻三尊佛，共十三尊。（常盘大定 文）

第六窟 二佛洞

“刻经洞”上方山腰有一小洞。入口幅宽四尺，洞内广七尺，深四尺。正、左、右三面各作广一尺的石坛，正面作二佛并坐像，左右各有一菩萨侍奉。其左右两面各有一坐佛与两胁侍菩萨。手法颇简单，盖隋代作品。

“二佛洞”上方摩崖有两刻文：一为十二部经名，一为大圣十号。十二部经名上刻弥勒佛、狮子佛、明炎佛，尾部刻“归命真觉藏识海”。大圣十二号后面刻“真常……海”。“藏识海”或“真常……海”，皆北齐时代十地论宗口吻。《十地论》的研究始于僧稠弟子慧光，应召入邺都后俄然风靡学界。弟子有道凭、法上。道凭住宝山，法上住滏漳。宝山有大留窟，滏阳有鼓山窟。大留窟乃道凭造，鼓山石窟乃僧稠、慧光、法上造。

此类刻文那有如地论家一般的口吻，当进一步印证以上推测。

（常盘大定 文）

北响堂山石窟配置见取图·第六窟

图 106 · 北响堂山 · 第五窟 · 北壁 · 五尊

第七窟 | 嘉靖洞

第三洞下方有小洞，内有嘉靖三年（1524）造的三十五佛、观音菩萨、伽蓝神。造像好坏姑且不论，作为明代造像弥足珍贵。（常盘大定 文）

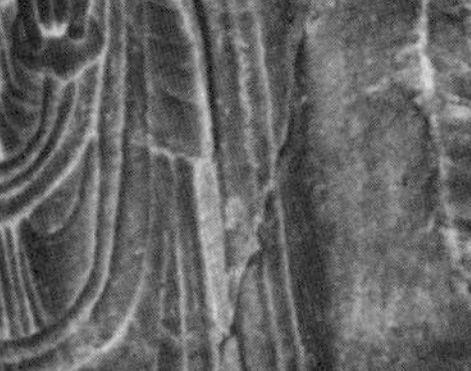

第七窟

北响堂山石窟配置见取图 · 第七窟

河北南响堂山

此山位于磁县彭城镇。其响堂寺有六角七层砖塔，如今为道士居所。寺后石窟分上下两层，下层有两窟，上层有五窟，下层两窟结构几乎相同，上层五窟其规模亦大致相同。据传民国十三年（1924）五月，附近善男善女曾捐净财重修佛像头部、石垣、砖塔下部等。图108中丘上所见的建筑物，即建于上层五窟的房屋。此七窟姑且命名如下：

下层	第一窟	华严洞
	第二窟	般若洞
上层	第三窟	空洞
	第四窟	拱门洞
	第五窟	释迦洞
	第六窟	力士洞
	第七窟	千佛洞

图108・南响堂山・全景

第一窟　华严洞

此窟高、广、深均为二十尺，内有纵横各十二尺的方柱。方柱正面以坐佛为本尊，作二胁侍罗汉、二胁侍菩萨，共五尊。本尊失两手，二罗汉不仅无头，而且受煤烟熏烤，美观颇损（图109）。本尊头光富丽堂皇，忍冬纹中配化佛，其周围刻许多飞天。与他处有许多火焰相比，化佛、飞天更适合陪衬佛像。台座与头光亦因此而显富丽堂皇。

载有五尊的宝坛正面，博山炉居中，左右各配供养者与狮子。

方柱右侧西面分三层，上层刻千佛，中间刻释迦、二罗汉、二菩萨，共五尊，下层刻四小龛。

方柱左侧东面又分三层，上层刻千佛，中间刻释迦、二罗汉、二菩萨，共五尊，下层刻三小龛。面对下层右方有大周圣历元年（698）铭，左方有圣历二年（699）铭。

洞内西壁上方作五龛，中央以下刻《般若经》。东壁分三段，上段作五龛，下段刻许多佛像，中段有“隋开皇八年（558）佛弟子袁子方造释迦像”一尊。此外，还刻许多佛像。面向东壁左方下部小龛、屋盖为塔形，其意趣颇可观（图120-1）。

南响堂山石窑配置见取图·下层

下層

第二窟　第一窟

23'　24'　22'　22'

北壁右方作上下二龛，上龛安坐佛，下龛安倚佛。左方亦作上下二龛，但无佛像。

南壁入口内部，西侧上方作佛龛，中央以下刻《般若经》。东侧刻《华严经》（图110-2）将此洞命名为“华严洞”，即因有经。

入口拱门广六尺，拱门刻忍冬纹（图110-1）。手法同北响堂山所见。

拱门外部乃石柱，刻莲花与龙，外壁上方刻许多佛像。

（常盘大定）

图120-1·南响堂山·刻文·拓本·第一窟·内壁

图 109・南响堂山・第一窟・正面本尊

图 110-1 · 南响堂山 · 第一窟 · 拱门刻纹 · 拓本

图 110-2・南响堂山・第一窟・南壁刻华严经・拓本

第二窟 般若洞

此洞阔、广均二十三尺，深二十四尺，内有纵横各十一尺的方柱。方柱正面有本尊坐像、胁侍二罗汉、胁侍二菩萨。本尊头光的化佛、飞天与宝座皆富丽堂皇，与第一洞相同。本尊双手上下皆张开，结施无畏印与与愿印。由此推知第一洞本尊的双手亦当是如此造型。两罗汉与左菩萨失去头部，宝坛被破坏，整座佛龛被煤烟熏黑，美观大损（图112）。

两罗汉右者合掌，左者捧珠。

面对方柱右侧西面，右方上部刻“沙门统定禅师敬造六十佛”（图111-2）。中央刻千佛，上下刻许多佛。“沙门统定禅师”乃何人不得而知。盖北齐文宣帝设“十人沙门统”，法上为“大统”，其他为“通统”，“沙门统定禅师”乃“通统”其中一人。

方柱左侧东面刻千佛。

洞内西壁中央刻五龛，其上下刻许多佛像。东壁亦中央刻五龛，上部刻八小龛，下部刻许多佛。东西两壁皆于五龛间壁面刻佛名，如第十五的“坏一切世间怖畏佛”、第十六的“我释迦牟尼佛”（图111-3）。此乃《法华经》中第十六王子的成佛名。

北壁左右各有一龛。西龛上下刻许多佛。大部分壁面刻大字楷书《般若经》（图111-1）。书风悠扬不迫，巧力兼备。所谓上承汉魏，下启隋唐，神明变化而不逾规矩，可谓“承险怪之后，渐入坦夷。而在整齐之中，仍绕浑古。古法未亡，精华已泄。”盖古今书法绝品。将此洞命名为“般若洞”，即基于此刻经。洞中有开元五年（717）铭文。

入口内面即南壁东面刻《文殊般若经》。

入口广六尺。拱门的忍冬纹、龙柱皆与第一洞相同。

图 112 · 南响堂山 · 第二窟 · 正面 · 本尊

图 111-1·南响堂山·第二窟·刻字·拓本·北壁

第三窟 | 空洞

前后作二室。前室为长方形，广十尺，深九尺。后室为正方形，广深皆八尺。前室中有柱，后室中仅有三佛像，其余部分皆以白灰涂盖，当初面貌尽失。著者造访时见后室安神位，盖以此充蓄棺场所。佛像剥蚀，不复旧态，或与时间有关，但人为破坏，应乃无知所使然。此洞与下一洞间有大明嘉靖四十四年(1566)岁次乙丑夏五月立“创建响堂石栏杆证碑”。(常盘大定 文)

南响堂山石窟配置见取图·上层

上層

8×8.

8×10.

第七窟　第六窟　第五窟　第四窟　第三窟

图 111-3 · 南响堂山 · 第二窟 · 刻字 · 拓本 · 东壁

图 111-2 · 南响堂山 · 第二窟 · 刻字 · 拓本 · 中心柱 · 西壁

第四窟　拱门洞

洞阔、广皆十三尺，深十尺五寸。正、左、右三面各作二尺五寸的宝坛。各面中央刻本尊坐像，左右各配两胁侍菩萨。三佛与正面两胁侍菩萨头部俱失，其余十胁侍悉被凿去。

正面本尊，宝座富丽堂皇，但衣纹简洁（图 113-1）。两相衬托，美妙至极。其后方左右有魏朝刻字（图 113-2，图 113-3）：

观世音像主清信女李华晖。□世□□主清信女爰公主。

宝坛三面刻许多小龛。乃唐代追刻。

入口拱门乃双层，幅三尺，高六尺，入口内外有许多唐代小佛龛，外侧西面上方刻隋开皇十三年（593）铭文（图 120-2）。（常盘大定 文）

图 113-3 · 南响堂山 · 第四窟 · 中尊后方 · 左右刻字 · 拓本

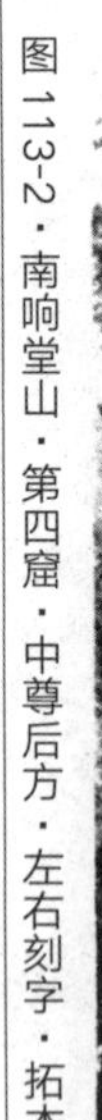

图 113-2 · 南响堂山 · 第四窟 · 中尊后方 · 左右刻字 · 拓本

图 113-1・南响堂山・第四窟・北壁・中尊

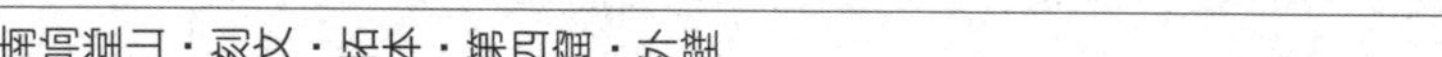
图 120-2 · 南响堂山 · 刻文 · 拓本 · 第四窟 · 外壁

第五窟 | 释迦洞

洞阔十一尺，广十一尺，深九尺。正、左、右三面各作二尺宝坛，宝坛安一坐佛、两胁侍菩萨，但坐佛失头部，胁侍菩萨悉被运走。

三佛上有帷幕，其上并刻小坐佛，坐佛背后刻茂密树林。

东北隅有悉达太子别白马像，西北隅有说法相佛陀，入口上方内壁有涅槃相释迦，因此称此洞为“释迦洞”。东南、西南二隅刻菩萨立像。

藻井中央刻莲花，四周配十二飞天（图114-1）。四隅造像上有帷幕，帷幕间刻图案化的莲瓣、莲叶、莲蕾，颇精巧。洞内地面中央刻莲花，四隅刻突起的多重花瓣。

此洞虽小，但四壁、藻井、四隅、地面的雕刻颇精巧。然而近代加彩，失原来面目，且不明了。

外面入口拱门为双层，其上方皆有富丽堂皇的雕刻。拱门左右两侧石柱以狮子为柱础石（图114-2）。（常盘大定 文）

图114-1·南响堂山·第五窟·藻井

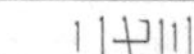

图 114-2 · 南响堂山 · 第五窟与第六窟 · 外观

第六窟 力士洞

洞阔、广约九尺，深约十尺。正、左、右三面各作约二尺的宝坛，各面中央皆刻本尊坐佛，左右各刻二胁侍罗汉、二胁侍菩萨，四隅造立像。入口内面左右壁刻金刚力士，故将此洞命名为“力士洞”。洞内地面中央凹陷，过去恐有立像。此洞回声颇大，据说响堂山因此得名。

此洞中仅正面本尊的左右罗汉与东南隅的立像三尊身首俱全，其余皆失头部。另，三面的左右胁侍菩萨共六尊悉被盗走。

正面本尊衣纹简洁，坐于富丽堂皇的宝座上（图115-1）。右面本尊无宝座，但衣裾前垂，曲线遒劲，似欲弥补此缺陷（图115-2），皆颇可观。但可惜缺头部。

三面宝坛、入口壁面与外壁刻众多小龛或塔形，乃唐代追刻。

拱门上部有铭文，记开皇八年（588）王晖儿造弥陀像一尊。门柱有铭文，记开皇四年（584）翊军将军顺阳郡王某造阿弥陀佛一尊、观世音二菩萨。外有开皇十三年（593）、神龙元年（705）、开元五年（717）、开元廿三年（735）铭文（图120-3）。（常盘大定 文）

图120-3·南响堂山·刻文·拓本·第六窟·门上

图 115-1・南响堂山・第六窟・北壁・中尊

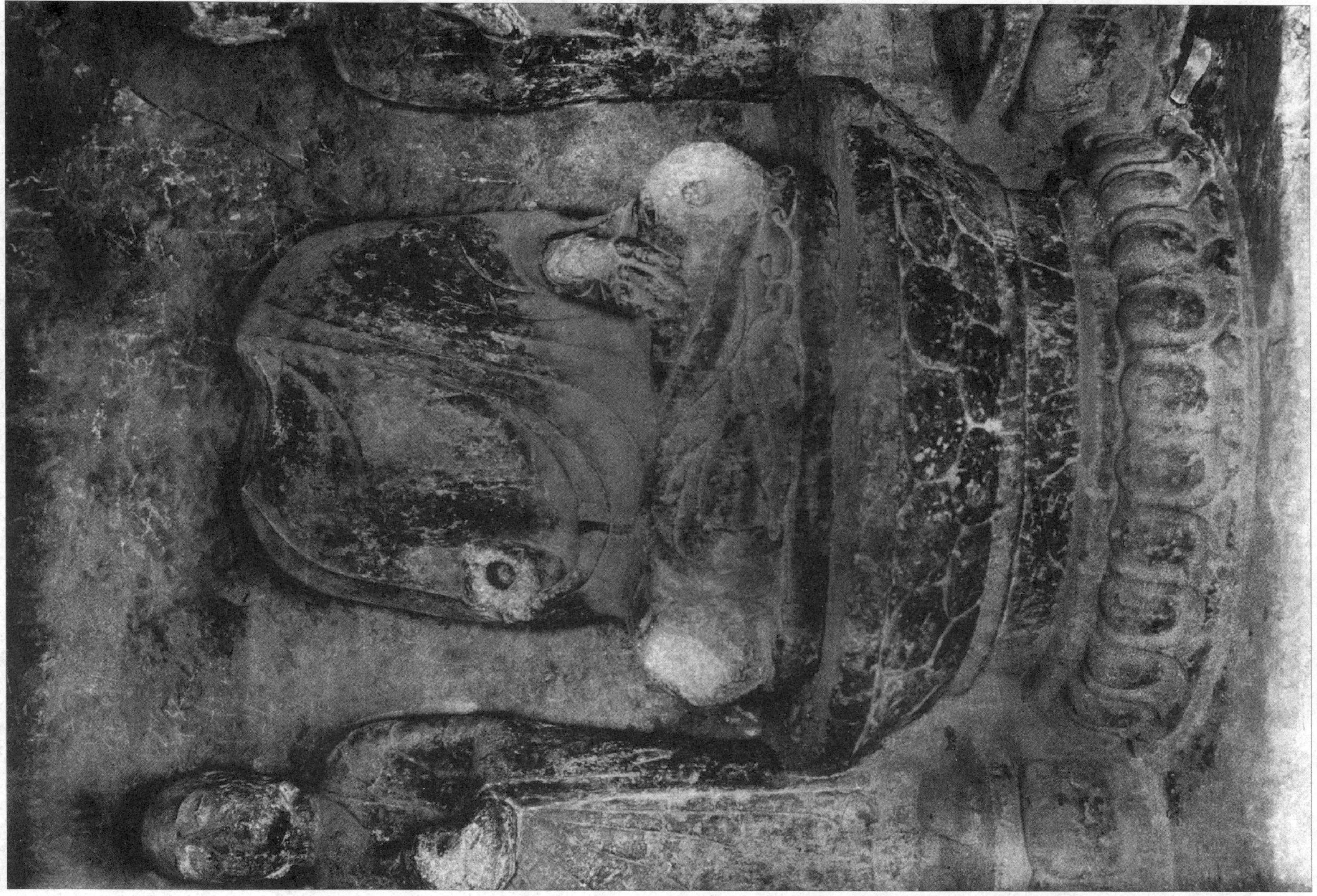

图 115-2 · 南响堂山 · 第六窟 · 西壁 · 中尊 · 下部

第七窟　千佛洞

洞阔、广皆约十六尺，深十四尺。正、左、右三面各作约三尺的宝坛，各面皆刻本尊坐像或倚佛，左右配二胁侍罗汉与二胁侍菩萨，共五尊。其背后与入口左右内壁悉刻千佛像。此洞命名为“千佛洞”即以此为由。

正面本尊右胁侍罗汉与菩萨，左面本尊右胁侍罗汉与右面本尊左胁侍罗汉仅四尊身首俱全，其余十一尊头部皆失。

右面本尊乃倚像，肩负双重头光，足踏双头莲花。莲花由狮子口中吐出。其外观垂衣褶襞，曲线清爽，尤为引人注目。该技法与另辑的佛峪造像极为相似。本尊背后上方并刻千佛，千佛上有帷幕（图119）。幕上作袴腰，将帷幕分成多块，其中刻化佛。拱上接藻井，作漏斗形花与饰花形状。分三层刻众多小化佛，其上藻井中央作莲花与忍冬纹宝瓶。其左右有天人飞翔。四面各有二飞天，计有八飞天，中央刻莲花，意趣丰富（图118-1）。

三面本尊背后悉与此相同。

此洞内部中央有佛像，立于莲座上。内部中央安佛像，乃绝无仅有。此佛像是当初即有，还是从他处移来不得而知。该衣纹体现六朝艺术精华。其头部与双手俱失，此尤为可惜（图118-2）。立佛高约六尺。

入口拱门雕饰，东西两侧与他处相同，皆为忍冬唐草纹，外侧是云气纹。皆充满生气。

拜殿外部中央莲花拱刻供养舍利塔的飞天，以四根八角石柱支撑，梁上作三斗，以支撑屋顶（图117）。左右两石柱间立金刚力士（图116）。力士左右上方小龛乃唐代追刻。

最西面石柱外部有一小龛，然如今已无佛像。此小龛与石柱间壁上，刻开皇十三年（593）铭，能辨读“造阿弥陀佛像并二菩萨像”的文字（图120-4），但发愿者姓名无法判读。

请读者注意《艺风堂金石文字目》南山造像第五十二段，其中提及长安三年（703）佛弟子玄奘造像铭、开元五年（717）于阗三藏弟子僧承庆造像铭等。但如今剥蚀严重，无法找到此类铭文，仅搜得前述八铭文，且多难以判读。（常盘大定）

南北响堂山照片均由著者常盘大定于日本大正十年（1921）十一月十日、十一日拍摄。

图120-4・南响堂山・刻文・拓本・第七窟・外壁

图 119・南响堂山・第七窟・西壁・中尊

图 118-1・南响堂山・第七窟・藻井・飞天

图 118-2 · 南响堂山 · 第七窟 · 窟内 · 立佛

图116·南响堂山·第七窟·外观

图 117-1·南响堂山·第七窟·入口上部·刻纹

图 117-2・南响堂山・第七窟・外壁左方・金刚力士

北齐帝室与响堂山石窟

中国人何以为开石窟付出如此巨大努力？通过云岗八大石窟可以明白其具有帝室宗庙之性质。由此可以推知，响堂山一石窟与北齐帝室有关。此事可确证予过去之推测。

《资治通鉴》第一百六十卷有以下记载：

太清元年春正月丙午，东魏渤海献武王欢卒（年五十二）。世主澄秘不发丧（用欢遗言也）。

四月壬申，澄入朝于邺。东魏主与之宴，澄起舞，识者知其不终。

六月丁丑，澄还晋阳，始发丧。

八月辛未，高澄入朝于邺，因辞大丞相，诏为大将军如敌，余如前命。

甲申，虚藏齐献武王于漳水之西，潜凿成安鼓山石窟佛寺之旁为穴，纳其柩而塞之，杀其群匠。及齐之亡也，一匠之子知之，发石取金而逃（史言潜葬之无益）。

由此可知，响堂山一窟乃世宗文襄帝澄为父神武帝高欢所建，其中某处安放有神武帝的灵柩。《北齐书》仅记高欢死于晋阳（今太原市），葬邺西北漳水以西，但据《资治通鉴》所记，可知葬于漳水以西乃虚葬，实葬于鼓山石窟旁。据此记载，石窟佛寺原已有之，故葬于彼处，但此石窟实为高澄所建。当时人心惶惶，如何警戒陵墓是个问题，故不仅虚葬，还杀群匠，以掩盖葬迹。正因为此，石窟佛寺方极受齐室重视。显祖文宣帝高洋不仅启用稠禅大师为云门寺主，亦使之兼任石窟寺主，更可佐证这一点。稠禅大师与菩提达摩乃同一时期之人，相当于跋陀禅师的法孙，跋陀赞其为葱岭以东禅道第一人。文宣帝归依此禅师后，终日静坐，悉改国内寺院为修禅道场，并废所有法师。但因禅师进谏，文宣帝未实施之。由此可知稠禅大师之伟大。以此禅师为寺主，可知齐室何等重视石窟佛寺。石窟佛寺所在的武安鼓山即响堂山。响堂山《唐邕写经碑》文即称其为鼓山。《太平寰宇记》（译者注：宋太宗赵炅时中国地理志史，记宋朝疆域版图，乐史撰，是继《元和郡县志》后又一部现存较早较完整的地理总志）之“卷五十六滏阳县（下）”曰：“名鼓山或滏山，有南北二处。”如《太平寰宇记》所说，响堂山有南北二处，石窟北山有三处，南山有两处。此皆可作为将其视为北齐宗庙的理由。

此事进一步向上回溯，还可成为了解东魏、北魏以至隋唐帝室与石窟的关系的重要资料。在此按顺序先叙述齐室与石窟的关系，再涉及北魏、东魏帝室与石窟的关系，不仅说明响堂山石窟，还要说明北齐时代天龙山的三石窟。以下按《北齐书》列出王统，或有助于理解。

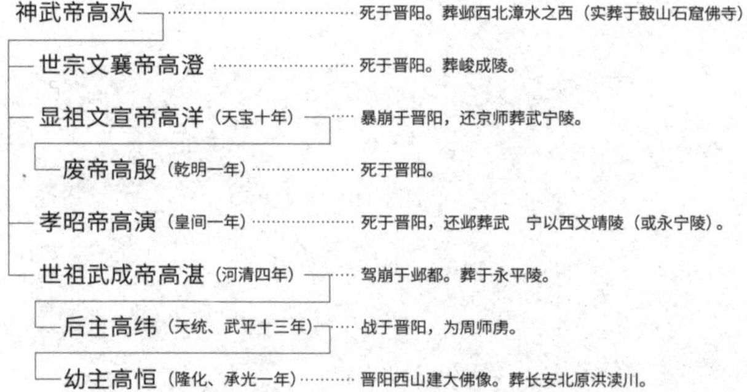

东魏都城乃邺城，高欢住晋阳，即今太原市，故晋阳作为齐室安居之地建有离宫。从上表看，八帝中前五帝死于晋阳，包括高澄、高殷二帝，其他三帝则是送回京师邺安葬。陵名为神武、武宁、文靖。继而武成帝又崩于邺，葬永平陵，故共计四陵。高澄恐亦归葬于父侧。再而后主为周师虏，幼主葬于长安北原，故此二帝之陵墓既不在晋阳，亦不在邺都。因此邺有四陵或五陵，晋阳有一陵。《资治通鉴》将文皇帝（孝昭）陵称永宁陵，与《北齐书》不同。《资治通鉴》是正确的，但在各种记载方面使用《北齐书》方便，故上表从《北齐书》，将《资治通鉴》记述作为补充写进括号里。又，《北齐书》记文宣帝去晋阳，拜辞山陵，可知晋阳有帝室陵墓，但恐为皇后陵。《资治通鉴》记，肃宗（高殷）死于晋阳宫，临终前说因未见太后陵而感遗憾，故可知文宣帝后陵在晋阳。见于记载的有邺四帝陵或五帝陵，晋阳有一帝陵、一后陵或二后陵。此类陵墓恐为虚葬，棺柩或葬于附近的石窟即宗庙。南响堂山二窟、北响堂山三窟、天龙山三窟恐必为宗庙。天龙山宗庙在陡丘颈部，该造像似女性，有皇后庙之感。

邺城有四帝或五帝宗庙，然而有关记述乃出自未蹈实地的文人之手，多为谬误，故有必要更正。即陵在宗庙附近，故陵名直接移用于庙名。

《太平寰宇记》卷五十六曰："高齐神武陵，在东魏二陵之侧，去县（滏阳）三里，今有天鹿石阙尚存。""东魏二陵即大司马孝静帝父亶并静帝二陵也。《隋图经》云：在县东。"亦即，东魏二帝陵在滏阳县（今磁州）东，故其侧的神武陵亦在县东，但其完全弄错方向。如前述，神武陵在鼓山石窟佛寺，而鼓山在磁州之西。因鼓山石窟佛寺还在，故可明确此说。《大清一统志》卷五十七曰"神武陵在临漳县南鼓山"，说在鼓山无误，但说在临漳县南，又乃大误，实在其西北。《大清一统志》卷三十一引《元和郡县志》说"在滏阳县南三里"，同样有误。说神武陵在滏阳县东，或在滏阳县南，或在临漳县南，甚者于一书之中前后矛盾，皆误。《河南通志》卷四十九云"高欢墓在武安县城南二十里，鼓山石窟佛顶旁"，乃首次正确记载。（译者注：根据《午安县志》和《四库全书》，疑此处有误）书成于未蹈实地的文人之手，其谬误如此，应予注意。

神武陵之事至此已明了。然而其他诸陵《河南通志》或其他史书皆未记载，故须以神武陵为基础进行推定。孝昭帝的文靖陵在文宣帝的神武陵以西，二陵位列东西，在此姑且以陵名称其为宗庙。赴实地考察之结果，可见南山二窟以相同形式并列。其西北的北山三窟，比南山的规模稍大，其并列形式亦几乎相同。

在此姑且将北山三窟视为神武、武宁、文靖三庙，南山二窟视为峻成、永平二庙。自天统至武平有唐邕刻经，恐在此北山永平庙。既知有此五帝五庙，则天龙山三窟，当为高殷及文襄皇后、文宣皇后的宗庙。天龙山中央有大佛。此即见于记录的幼主高恒所造大佛。如记录所见，如此雄伟的大佛出现必有因缘。如前述，文宣帝后陵在晋阳，则其后的皇后陵恐亦在此。高恒造此大佛，恐为供养太后宗庙。晋阳以西龙山亦有大石佛，乃天保七年（568）宏礼禅师造，非幼主所造。单纯按史书记载何处有石佛确为省力之举，但若不拿出地图，则许多人无法了解。《太平寰宇记》与《太平一统志》（译者注：何书不详。疑为《大元大一统志》）所记东魏二陵在哪？《大清一统志》说："相传孝静帝陵或以为高欢父所葬"，本未确说乃东魏二陵。此记载是推定东魏帝室宗庙的资料，有利于考察巩县石窟的建造缘由。

以上对照文献记录与实地调查，加上合理推断，阐明了北齐帝室与石窟的关系。予谓石窟为帝室宗庙，即基于此。只有视石窟为宗庙，方可理解北齐帝室为何穷尽如此技术，投入如此多建材的原因。齐室与石窟的关系，可成为进一步阐述魏室与石窟的关系的关键。（常盘大定 文）

译后记

如文史专家侯楠山所言，“清末民初以来，国内迭逢军阀混战、日寇侵略、解放战争等，又兼欧美东洋藏家大肆搜购我国文物……加之地震、洪水等天灾，我国大量古迹文物遂遭浩劫”，故关野贞、常盘大定合撰的《晚清民国时期中国名胜古迹图集》（日文原著《中国文化史迹》）为我们提供的那些毁损前的古迹文物照片就显得尤为珍贵，其史料价值也不言自明。本卷亦如此，其中收录的部分照片还属于首度拍摄。仅从响堂山石窟看，大多数佛像过去惨遭破坏，后来重置的一些头像因修缮者未很好地翻寻史料，说是胡乱堆塑亦无不可。倘若重置前能参考关野贞和常盘大定拍摄的照片，似乎是可以避免那种错误的。

不仅如此，作品对中国部分史料的分析、批判、纠正和引申也多有创见，闪耀着科学精神。这种精神，不完全来自书斋的“有可能的判定”，还来自“对照文献记录与实地调查”。比如，作者在探访实地和对照文献后发现，响堂山石窟与北齐帝室有关，恐为该帝室陵寝。作者由此进一步从南北响堂山石窟与齐室的关系和云岗、龙门石窟与魏室的关系类推，还得出巩县石窟可能就是北魏孝明帝、孝庄帝及东魏孝静帝诸宗庙的结论。作者在本书中所说的中国“有关记述乃出自未蹈实地的文人之手，多为谬误，有必要更正”，非常值得今天仍坐在书斋里做推想式研究的我们倾听。

因此，我们在翻译此书时，虽不能做到再度实地调查，但也尽可能详查了相关资料和古代文献，以期尽量多地复现原文的含义。首先是词汇。因本书所谈多与建筑有关，故我们核对了相关资料，如《中国古建木构特征概说》《建筑名词解释》《中国古代建筑木构件之斗拱》等。其次是文献。作者在写作时参考、引用了大量中国古代文献，并用所谓的日语汉文训读体表述，故我们在翻译时可较容易地将此文章倒回为古汉语原文。不过如果我们不参考原典，也有可能出现误译。因此在翻译时，我们查阅了作者参考、引用过的中国古代文献，如《金石萃编》（清·王昶撰，陕西人民美术出版社，1990）、《中州金石记》（清·毕沅撰，商务印书馆，1936）、《两汉金石记》（清·翁方纲撰，台联国风出版社，1976）、《景德传灯录译注》（北宋·道原著，顾宏义译注，上海书店出版社，2010）、《高僧传》（梁·释慧皎撰，汤用彤校注，汤一玄整理，中华书局，1992）、《续高僧传》（唐·道宣撰，郭绍林点校，中华书局，2014）、《二十五史》（上海古籍出版社，1987年第三版）等。就各地通志，如《河南通志》《登封县志》《偃师县志》《开封府志》《汴京遗迹志》《归德府志》等，我们参考了《文渊阁四库全书》（上海人民出版社，1999）；就原文中各佛典的出处，我们参考了《中国佛教网》的相关文献。

由于原作不少地方被摘译为日语，故我们在译稿中也相应地使用间接引语式的译法，未刻意加上引号。有时作者的文字与引用中国古籍的文字融为一体，我们则将日语部分原文译为汉语，然后抄录所参考的中国古代典籍，以尽量接近原文，但部分地方经权衡后仍保留作者使用的文字。

还有些问题需要说明：第一，原作出版的时间较早，文中屡有脱字、错字或文理不通的现象，对此我们经核对中国古代文献和字书，或根据自己的理解进行了修改、补正。第二，原书引用的中国古代文献与译者参考的古籍偶有文字的不同，我们则按照忠实于原文的原则抄录原作。第三，原作写于日本大正时代，这个时代是古代日语向现代日语转变的年代，其文体半古半白。我们根据文体大致对等的原则，也按照半白半古的汉语文体翻译，相信大多数接受过教育的现代读者可以适应并阅读。第四，由于原作涉及的问题比较专业，许多人名、事名、物名、作品名等现代读者可能难以理解。对此我们特意加了注释。第五，原文部分地方表达的某些观点，照现在看来可能是错误的，但我们也按照原意翻译，之后以注的方式说明。关于本书，请读者不吝批评。

胡稹